纺织服装高等教育"十二五"部委级规划教材

产业化

CHANYEHUA XINXING FANGZHI CAILIAO

新型纺织材料

杨乐芳　主编

东华大学出版社

内容提要

本书着重介绍了产业化前景良好的生态友好型、环境保护型的新型纺织材料。其主要内容包括产业化生态型天然纤维、产业化生态型再生纤维、产业化生态型合成纤维、产业化高性能纤维和产业化差别化纤维五个部分。每一部分的内容按五个方面进行架构:(1) 材料研究与产业发展现状,阐述材料的国内外研究历史和产业化现状;(2) 纤维种类和规格,介绍新型纤维的国内外著名商标的产品种类和规格;(3) 纤维结构和性能,描述各类新型纤维的形态结构和特有的加工性能;(4) 主要产品和应用,介绍新型纤维的主要产品与产业化应用范围;(5) 鉴别思路和方法,介绍新型材料的定性与定量鉴别方法。

本书适用于作为纺织加工和贸易专业学习新型纺织材料的教学用书,也可作为从事纺织品生产、检测和贸易人员了解新型纺织材料的类型、产业化前景、加工特点和鉴别方法的参考书。

图书在版编目(CIP)数据

产业化新型纺织材料/杨乐芳主编. —上海:

东华大学出版社,2012.3

ISBN 978-7-5669-0022-7

Ⅰ.①产… Ⅱ.①杨… Ⅲ.①纺织纤维—产业化—研究 Ⅳ.①F426.81

中国版本图书馆 CIP 数据核字(2012)第 046752 号

责任编辑:张 静

封面设计:李 博

出 版:东华大学出版社(上海市延安西路 1882 号,200051)

本社网址:http://www.dhupress.net

淘宝书店:http://dhupress.taobao.com

营销中心:021-62193056 62373056 62379558

印 刷:苏州望电印刷有限公司

开 本:787×1 092 1/16 印张 9

字 数:225 千字

版 次:2012 年 4 月第 1 版

印 次:2012 年 4 月第 1 次印刷

书 号:ISBN 978-7-5669-0022-7/TS·310

定 价:35.00 元

前　言

　　《产业化新型纺织材料》教材是在对新型纺织材料生产和加工企业的调研、研发专家的走访、信息资源的收集和结构性能的检测的基础上编写完成的。通过企业调研，了解各类新型纺织材料的环保性能和产业化前景，并收集新型材料实物；通过专家走访，了解新型纺织材料真实的品质及生产和加工难点；通过信息资源收集，获得新型纺织材料的生产和加工方法及鉴别思路；通过结构性能检测，获得新型纺织材料使用性能与工艺特性的第一手资料。

　　本教材的编写得益于"宁波市纺织服装应用型专业人才培养基地"项目——《产业化生态型新型纺织材料五位一体资源库的构建》。该课题在新型纺织材料的开发与应用、工艺和鉴别、性能检测、加工技术信息资源收集与分析的基础上，构建了由(1)新型材料(各类新型纤维、纱线和织物)实物资源库，(2)技术结构图片库，(3)产品品种档案库，(4)测试方法标准库以及(5)生产加工案例库等五位一体的立体信息资源，为本教材的编写提供了第一手的真实信息资源和技术支持。

　　本教材具有以下特点：

　　1.产业化和生态型的特点。本教材中所涉及的彩色天然纤维、变性天然纤维、新开发的天然纤维品种和可溶性、可降解、可再生合成纤维等新型纺织材料在国内外均已经产业化，并且具有生态环保的特点。

　　2.内容组织贴近生产实际。本教材中介绍的数据、图片均来自生产、加工和检测第一线，真实可信。本教材的内容以生产加工和新材料鉴别等应用技术为主，为认识、了解、使用新材料提供基础性知识。

　　3.语言表述通俗易懂。本教材中所涉及的专业术语和内容，在表述上尽可能与生产贸易、日常生活一致,并突出实用性,生产加工原理尽可能采用简洁明了的图片进行表达。

本书第一章第二节由浙江纺织服装职业技术学院刘健编写,其他部分由浙江纺织服装职业技术学院杨乐芳编写;本书主要电镜图片由北京服装学院傅中玉教授制作。

全书由杨乐芳统稿、校正。本书编写过程中聘请了新型纺织材料生产、贸易和检测方面的行业专家作顾问,在编写内容组织、行业最新动态等方面提供了真材实料和宝贵经验,在此谨表感谢。

限于作者水平、能力及纺织新材料的发展、教学手段和方法不断改进,书中定有不足、疏漏和错误之处,敬请专家和读者赐教。

编者

2011 年 12 月

目 录

第一章 产业化生态型天然纤维

第一节 天然彩色纤维
——彩棉、彩色动物纤维

1 彩棉

天然彩色棉亦称有色棉,分为两类。一类是野生或原始彩色棉,是自然生长含有色素的棉纤维;另一类是人工培育彩色棉,是运用转基因技术或"远缘杂交"等现代生物工程技术培育出来的,在棉花吐絮时纤维就具有天然色彩的新型纺织原料。

1.1 彩棉研究与产业发展现状

原始天然彩棉的种植和使用历史比白棉早,原产于美洲大陆,远在几千年前秘鲁土著民族就曾种植和使用过彩棉。人类有计划地进行彩棉的育种和研究工作始于20世纪60年代。

我国很早以前也有种植和利用天然彩色棉花的历史。据史料记载,曾有一种称为"红花"的土红色棉花和天然棕色棉花。因棕色棉开的是紫色的花(即所谓的"南京变种"),故人们称棕棉织物为"紫花布",也因其曾以南京为集散地大量出口到欧洲,又称为"南京布"。"紫花布"流行于明清时代以江南地区的生产最为显著。

随着纺织和印染工业的快速发展和育种技术的成熟,人们把育成的品质好、产量高的白色的棉纤维经过特殊染色,可形成较彩棉纺织更绮丽多彩的布料,又由于野生天然彩棉纤维很短、色泽不稳定、纤维品质差、产量低等缺点而受到冷落,进而被使用价值大的白棉所取代。

20世纪80年代以来,由于人类环保意识的增强,纺织品在生产加工中各种有害物质的残留对环境的破坏和人类健康的影响,越来越引起各国特别是一些发达国家的重视。天然彩色棉加工的纺织品无需漂白、印染、消毒等传统纺织工艺处理,整个过程不会产生化学污染,可实现从种植到成衣的"零污染",减少污水的排放和能源的消耗,引起了国内外一些科研单位和生产者的极大兴趣,被遗忘的野生彩色棉又重新被人类重视、利用和开发。

1.1.1 国外彩棉研究与产业发展现状

国外彩色棉的育种研究工作始于 20 世纪 60 年代末,目前已知在开展彩色棉研究与开发的国家有美国、秘鲁、巴西、法国、澳大利亚、埃及、巴基斯坦、土耳其、阿根廷、希腊、荷兰、土库曼、乌兹别克、乌克兰、哈萨克、塔吉克等。

图 1-1　Sally Fox 在棉田

(1) 美国:1982 年赛利•福克斯(Sally Fox),如图 1-1,利用从中南美洲引进的印地安人种植的彩色棉,与本地的棉花杂交,1988 年育成了 2 个可供机纺的"Green"(绿色)和"Coyote"(棕色)彩色棉品种,1990 年申请专利,成立"FOX"彩色棉公司,注册 Fox Fibre® 商标,生产彩色棉纤维和纺织加工布料、毛巾、床单、衬衣、T 恤等,如图 1-2 所示,并向日本、南韩、欧洲等地销售。鉴于她对环境保护作出的贡献,1992 年获得了联合国环保署颁发的"环境奖"。1988 年得克萨斯州棉花研究中心 Harvey Campoll 与 Raymond Bird 兄弟也开始彩色棉的选育工作,1992 年成立 BC 棉花公司并进行彩棉的规模生产和市场销售,将培育出的绿色和棕色的彩棉品种进行注册登记。到 1994 年,美国生产的彩棉已达到 2 万吨,占美国棉花总产量的 1%。后来由于受到种植白色棉花棉农的强烈抵制,目前彩棉发展处于停滞阶段,产量明显萎缩。但是,美国在彩色棉花品种培育、生产开发、产品销售等领域都处于世界领先地位。

(a) Fox Fibre® 商标　　(b) Fox Fibre® 纤维　　(c) Fox Fibre® 纱线　　(d) Fox Fibre® 织物

图 1-2　Fox Fibre® 产品

(2) 埃及:埃及彩棉的育种与栽培始于 20 世纪 70 年代中期,由埃及国家农业部所属的全国农业科研中心直接领导,实行封闭式管理,对外保密。据悉,埃及现已培育出浅红色、浅绿色、浅黄色和浅灰色等多种彩棉。埃及彩棉的主要特点是植株高大、株型松散,但是棉铃大、纤维长、强度高、品质好。目前埃及彩棉存在的主要问题是遗传性状不稳定,分离多,变异大,色彩单调,色泽不达标。由于埃及在国际棉花市场上要保持很高的声誉,故现在还没有推出稳定的彩棉品种。

(3) 墨西哥:墨西哥的植棉历史更为悠久,当今占世界棉花总产量 90% 以上的陆地棉棉种(Gossypium Hirsutum L.)都原产于墨西哥,是陆地棉的起源中心,被称为"棉花的故乡"。目前已培育出棕红色、土黄色、驼色等不同色彩的彩色棉花。

(4) 秘鲁:据秘鲁史料记载,早在 2 500 年前,秘鲁北部莫奇卡地区就有彩棉种植,后因天灾人祸,彩棉失传。1988 年,秘鲁在一座古代莫奇卡人墓穴殉葬品中发现了彩棉种子,这些彩棉种子经过发芽试验,竟然奇迹般地发芽、生长,吐出灰白、红黄和棕色三种颜色的天然棉絮。这些古老的彩棉种子就成为秘鲁研究彩棉的基础材料。目前,秘鲁已培育出米色、棕黄色、棕色、红棕色、紫红色等5个彩棉品种,彩棉种植面积逐年扩大,主要用来出口创汇。

1.1.2　我国彩棉研究与产业发展现状

我国彩棉的研究与开发虽起步较迟,但发展很快。中国的彩棉品种选育,以1987年中国农科院棉花研究所的彩棉近代选育为起点,经过近22年的科研和选育,已培育出37个质量比较稳定的天然彩棉品种,占目前全世界经政府注册的41个天然彩棉品种的90%。中国已成为世界重要的天然彩棉生产基地,天然彩棉产业也成为中国棉纺织行业最具有竞争力的新增长点。从1999年到2009年,中国天然彩棉种植面积从1万亩(6.67×10^6 m^2)扩大到20万亩(133.4×10^6 m^2)以上;皮棉年产量从800吨增加到2万多吨,其中新疆天然彩棉产量已占国内的95%和世界的60%以上,已成为目前中国乃至世界重要的天然彩棉生产加工与供应基地。

中国天然彩棉纺织品已由最初的环锭纺纱线、转杯纺纱线、机织面料、针织面料扩大到不同颜色梯度的天然彩棉纱、近200种花色针织面料、100余种花色梭织面料及天然彩棉家纺产品、T恤、内衣等九大系列千余种天然彩棉产品。天然彩棉可纺性已经达到或接近白棉的水平。中国从事天然彩棉生产、加工的企业,2000年不足10家,2008年已增加至1000多家。

涉及彩棉种子、彩棉种植、彩棉纤维和彩棉产品等产业链的标准体系,也不断地完善,目前已制定《GB 1103.3—2005 棉花天然彩色细绒棉》《GB/T 20393—2006 天然彩色棉制品及含天然彩色棉制品通用技术要求》《FZ/T 70013—2010 天然彩色棉针织制品标志》《FZ/T 12017—2006 天然彩色棉气流纺纱》《DB65/T 2112—2004 天然彩色棉精梳纱线(棕色)》《DB65/T 2113—2004 天然彩色棉 OE 纱(棕色)》等国家、行业和地方标准近40项。

1.2　彩棉纤维种类

(1) 按棉种类型:分为有色陆地棉、亚洲棉、海岛棉、非洲棉等类型。在四大栽培棉中的彩色棉,以陆地棉的数量为最多,亚洲棉次之,海岛棉、非洲棉最少。

(2) 按纤维色泽:分为棕色和绿色两种基本类型。在棕色和绿色两个色调中,根据颜色深浅不同,分为红棕色、咖啡色、褐色、驼色、浅棕色及深绿、蓝绿、浅绿等色,而纯正的蓝色、红色、黑色彩棉正在研发之中。为了满足人们多样化、个性化的需求,急需开发出能投入商业化生产的靛蓝色、红色和黑色等彩棉品种。不同学者在纤维色泽分类和识别上存在较大差异,有人把深棕色称为红色、粉红色等;把棕色称为褐色、咖啡色等;把淡棕色称为黄色、淡黄色、乳黄色等;把深绿色称为蓝色、淡蓝色等;把淡绿色称为浅灰色、米色等。我国的彩色棉有浅绿色、绿色、浅棕色、棕色四种,如图1-3所示。

(a) 浅绿色　　　　　(b) 绿色　　　　　(c) 浅棕色　　　　　(d) 棕色

图 1-3　彩棉颜色

1.3　彩棉纤维化学组成与形态结构

1.3.1　彩棉纤维化学组成

彩棉与白棉的化学组成如表 1-1 所示。彩棉中,纤维素含量、果胶含量小于白棉,脂肪含量、蛋白质含量、灰分含量大于白棉。白棉不含木质素,彩棉则含有 2‰~3‰ 的木质素。

表 1-1　彩色棉纤维各组成物质含量

组成物质	纤维素/%	半纤维素/%	木质素/%	脂蜡质/%	果　胶/%	灰　分/%	蛋白质/%
白棉	94.0~96.0	1.5~2.5	—	0.2~1.0	1.0~1.5	0.8~1.8	0.8~1.5
棕棉	85.0~93.0	5.0~7.0	2.0~3.0	0.3~1.5	0.4~1.2	2.0~2.3	2.0~2.5
绿棉	80.0~90.0	7.0~8.0	2.5~3.5	4.0~5.0	0.5~1.3	1.8~2.0	2.5~3.5

注:灰分不计入纤维总含量中。

(1) 彩棉纤维素含量:纤维素是彩棉的主要成分,其含量小于白棉,这和彩棉截面显示的次生胞壁薄、胞腔大的情况相吻合。

(2) 彩棉半纤维素含量:彩棉的半纤维素含量较多,这可能是造成彩棉纤维短的原因,使彩棉纤维的可纺性较白棉差。棕棉的半纤维素含量小于绿棉。半纤维素是植物细胞壁初生层的主要组成物质,它结合在纤维素微纤表面。半纤维素与纤维素共生,相互间以氢键和范德华力结合,如图 1-4 所示。半纤维素结构较纤维素疏松和无序,可溶于碱溶液,遇酸后远较纤维素易于水解。半纤维素具有亲水性能,可使细胞壁润胀,可赋予纤维弹性。

(3) 彩棉木质素含量:木质素是无定形结构的芳香族高分子化合物,是一类性质相似的物质的总称。木质素在植物组织中形成交织网络结构,如图 1-5 所示,使纤维细胞壁之间相互连接,起构架和抗压作用。

图 1-4　半纤维素与纤维素的结构

图 1-5　纤维素纤维中木质素的结构

在纤维素纤维中,白棉和亚麻等纤维无木质素。

（4）彩棉果胶含量:彩棉果胶含量约为白棉的 35%～45%,因此细胞壁之间的抱合力较低,强度差,易于起毛。但另一方面,棉籽壳的去除比较容易。

（5）彩棉脂蜡质含量:彩棉脂蜡质含量较白棉高,使彩棉纤维拒水性很强,未经处理的彩棉毛效为 0。

1.3.2　彩棉纤维形态结构

彩棉纤维的纵面形态结构与白棉相似,均有天然转曲,如图 1-6 所示。转曲的具体特征上,白棉与彩棉,特别是与绿棉有明显区别,白棉表现为圆润饱满的柱状转曲,彩棉则表现为扁平的带状转曲。

(a) 白棉　　　　　　　　(b) 绿棉　　　　　　　　(c) 棕棉

图 1-6　白棉与彩棉纤维的纵面结构

彩棉纤维的横截面结构也与白棉相似,均呈中空胞腔的腰圆形结构,如图 1-7 所示。不同的是,绿棉的横截面积小于白棉,即比白棉纤维细;次生胞壁比白棉薄很多,而胞腔远远大于白棉,呈 U 字形,见图 1-7(b)。棕棉截面与白棉相似,纤维次生胞壁和横截面积比绿棉丰满,但胞腔大于白棉,见图 1-7(c)。

彩色棉纤维较大的胞腔使纤维的线密度小于白棉纤维(细绒棉),绿棉纤维的线密度则较棕棉小。

(a) 白棉　　　　　　　　(b) 绿棉　　　　　　　　(c) 棕棉

图 1-7　白棉与彩棉纤维的截面结构

1.4　彩棉纤维品质

彩色棉种植,皮棉每亩产量为 50～100 kg,约为普通白棉的 3/4～4/5;衣分率多低于

30%;纤维短,约为普通白棉的 2/3～4/5;比强度低,细度细,成熟度不理想。彩棉纤维的总体品质较白棉差,如表 1-2 所示。一般彩色棉纤维品质与纤维色彩深浅有关,颜色越浅,其品质越接近于白色棉亲本;颜色越深,其品质指标越差,产量越低,表现出纤维色彩与纤维品质呈负相关的连锁遗传现象。

表 1-2　彩棉纤维品质

序号	品种	颜色	2.5%跨距长度/mm	长度整齐度/%	短纤维率/%	线密度/dtex	马克隆值	断裂比强度/cN·tex⁻¹
1	新彩棉 1 号	棕	27.20	82.5	11.5	1.66	3.14	19.14
2	新彩棉 2 号	棕	26.62	81.5	15.2	1.55	3.11	18.64
3	棕 204-1	深棕	24.45	80.0	16.7	1.61	3.17	15.43
4	杂优 216	棕	29.20	82.5	9.5	1.50	2.95	19.86
5	杂优 219	棕	28.32	83.0	9.9	1.54	2.84	18.79
6	杂优 224	棕	30.60	84.4	11.3	1.36	2.82	21.14
7	杂优 226	棕	30.16	82.5	8.7	1.51	3.00	20.00
	平均		28.07	82.3	11.8	1.53	3.00	19.00
1	新彩棉 3 号	绿	28.81	83.0	13.2	1.48	2.48	17.71
2	新彩棉 4 号	绿	26.86	78.9	15.9	1.30	2.23	15.29
3	绿 402	深绿	23.59	78.5	20.0	1.39	2.35	14.07
	平均		26.42	80.1	16.4	1.39	2.35	15.69
1	新陆中 18 号	白	31.00	86.3	6.3	1.85	4.12	22.93
2	普通本白棉	白	27.19	83.0	13.7	1.64	4.20	21.14
	平均		29.10	84.7	10.0	1.75	4.16	22.04

注:数据来源于《棉纺织技术》2005 年《新疆天然彩色棉性能测试及可纺性评价》。

1.4.1　彩棉纤维长度

　　天然彩色棉的纤维长度依品种不同而有差异,现在国内外多数彩棉的纤维主体长度为 25～27 mm,也有的达到 29～31 mm,甚至更长。2.5%跨距长度为 25～30 mm。图 1-8 为棕棉 9801 的手扯长度。与新品种本白棉相比,大部分天然彩色棉的纤维长度较短。

图 1-8　棕棉 9801 纤维长度

1.4.2　彩棉纤维细度

　　天然彩色棉纤维的细度为 1.30～1.65 dtex。一般情况下,绿棉的线密度为 1.30～

1.50 dtex,棕棉为 1.55～1.65 dtex,白棉为 1.60～1.90 dtex。彩色棉的马克隆值为 2.23～3.17,均低于本白棉。

1.4.3 彩棉纤维强度

彩棉纤维的强力较低,纤维强度一般为 13～24 cN/tex,其中棕色棉为 18～24 cN/tex,绿色棉为 13～18 cN/tex。

彩棉强度一般随颜色加深而降低。绿棉从深绿→浅绿→新绿,棕棉从深棕→浅棕→新棕,强度逐渐增加,如图 1-9 所示。

图 1-9 不同深度颜色的纤维强度

1.5 彩棉色泽

彩棉纤维色泽通常表现出色彩不鲜艳、颜色不纯正、色泽不稳定三大问题,如图 1-10所示。

1.5.1 彩棉色彩鲜艳度

彩棉纤维色彩不鲜艳,其主要原因是在纤维的外部常常会形成一层蜡质状物质,使色素所具有的鲜艳度降低,纤维外观便呈现出暗淡及柔和色调。成熟的纤维经过温水或热水加碱洗涤后,纤维色彩的鲜艳度就会增加,而且随着洗水次数的增加,色彩度不断增强,这是由于纤维外部的蜡质不断减少的结果。

图 1-10 绿色和棕色棉色泽不鲜艳和不纯正的特征

1.5.2 彩棉颜色纯正度

彩棉纤维的颜色不纯正不仅表现在不同的品种上,还表现在同品种、不同产地的天然彩色棉的色彩深浅不尽相同,甚至同一产地、不同棉田和同一棉株上也可能分离出有色、白色和中间色,色杂现象很突出。天然彩色棉出现颜色不纯正现象的主要原因有:

(1)受气候、土壤等条件的影响:如四川省种植的天然棕色彩色棉的色彩接近于红棕色;同样的棕色彩色棉,新疆自治区种植的色彩就浅。

(2)受光线照射的影响:天然彩色棉在阳光的照射下,尤其是绿色彩色棉,极易变色,有时在摘花前便开始变浅。在同一棉铃中,绿色棉纤维在刚刚吐絮后呈现绿色或淡绿色,吐絮后遇光照射一段时间,棉铃表层的纤维由最初的绿色或淡绿色变为灰绿色,遇光时间长则进一步变为黄绿色。有些棕色棉铃吐絮后,棉铃外部遇光线照射部分的纤维会变成红棕色,而棉铃内部未受到光线直接照射部分的纤维仍呈浅棕色,表现出色彩不均匀现象。

彩棉收获季节遇高温多雨或阳光寡照,有的纤维易被污染,如绿色就变成黑褐色,棕色也易污染。

(3)受环境条件的影响:含硫的气体或酸雨集中对彩色棉颜色的影响较大,这种环境下绿色彩色棉的颜色向棕色转化。喷洒酸性农药或土壤的酸碱性对天然彩色棉的颜色也有影响。色彩度还与纤维的成熟度有关。

（4）受纤维成熟度的影响：天然彩色棉的色素存在于纤维的次生胞壁内,在生长期,色素类物质在次生胞壁内逐渐沉淀,直至纤维充分成熟,色彩度达到其最大程度。在同一棉株上,由于中下部的棉铃能充分成熟,其纤维色彩度较一致,而上部未充分成熟的棉铃色彩度较浅,还有一部分即最上部完全未成熟的棉铃受霜冻等原因裂开,其纤维没有色彩而呈白色。

（5）受纤维遗传变异的影响：彩色棉的色素遗传变异大,种植过程中会出现白色类型分离,影响棉花纤维颜色的一致性。

色杂、色彩不均匀,给采摘棉花时的分拣带来很大麻烦。从收购的情况来看,天然彩色棉一般不进行色彩的分拣,而是深浅不一的彩色棉混杂在一起进入纺织厂,给纺织加工带来很大的困难。

1.5.3　彩棉色泽稳定性

（1）彩棉纤维色泽稳定性：纤维色泽不稳定有两种情形,一是纤维存贮和暴晒后色泽变化;二是后代分离出有色、白色和中间色。

在深棕、棕色、淡棕色三种类型中,深棕色纤维的色泽通常很稳定,但产量及纤维品质很差。棕色类型的稳定性随种不同变化较大,棕色亚洲棉纤维的色泽较为稳定;棕色陆地棉暴晒后呈现不同程度的灰白色;淡棕色类型则多为遗传不稳定,在后代中往往分离出多种色泽类型。绿色棉的纤维色泽通常很不稳定,现有的绿色纤维暴晒后基本上都表现为褪色或完全褪色,暴晒和非暴晒纤维形成很大的颜色反差,如图1-11(a)(b)所示。原因是绿色棉纤维的次生壁、中腔及外部均含有大量蜡质,如果使其长时间暴露在较强的光线下,由于光化学反应,蜡质变黄和色素类物质的变化,使纤维外观由绿变黄,从而呈现一种黄绿色。如果经过温水加碱洗涤后,黄度减弱。再经过一段时间的光线照射,黄度又有所增加。

（a）原色绿棉纤维　　　　　（b）转黄绿色的绿棉纤维　　　　（c）增色处理后的绿棉纤维

图1-11　绿棉纤维色泽的变化

绿色棉纤维由于含大量蜡质而使色彩呈现不稳定状态,这为绿色棉的利用带来了很大的困难。

（2）彩棉制品色泽稳定性：天然彩棉制品在上浆、烧毛、退浆、煮练、漂白、丝光、后整理等加工和使用过程中的洗涤、熨烫都极易引起天然彩色棉色彩深浅的变化。

（3）增色、褪色现象：天然彩色棉经水、碱、酶、酒精及JFC渗透剂、柔软剂等处理,色彩一般会变深,如图 1-11(c)所示,并随所处理时间、温度、浓度的不同,增色的程度也不同。

天然彩色棉经酸、还原剂、氧化剂、BTCA 无甲醛免烫抗皱整理剂等处理,色彩一般会变浅,并随所处理时间、温度、浓度的不同,变浅的程度也不同。尤其是遇到氧化剂时,天然彩色棉的颜色几乎褪尽,因此天然彩色棉一般不能进行漂白加工;同理,天然彩色棉面料及其制品也不能使用含氧化剂的消毒剂,如 84 消毒液等,否则颜色变浅,甚至褪尽。

(4)掉色、沾色现象:天然彩色棉面料经过丝光整理后,废弃的浓碱液随加工彩色棉色彩的不同而呈现不同的颜色,说明天然彩色棉存在掉色的问题。这种现象在浸泡新的刚下水的棕色彩色棉服装时也可以发现,浸泡后的洗涤水呈现黄棕色。这可能是彩色棉纤维在加工或浸泡中,纤维胞壁破损过度引起色素的流失造成的。

棕色彩色棉制品易使同浴的白布、绿色彩色棉面料染上棕色,即所谓的沾色现象,而绿色彩色棉制品水洗后,色素稳定性比棕色好。

1.6 天然彩棉的鉴别

1.6.1 定性鉴别

(1)色泽观感鉴别法:天然彩色棉纤维生长发育过程中,在其特有的基因控制下自然形成色彩,由于色彩形成于纤维的次生胞壁内,透过次生胞壁,色彩度就不会十分鲜艳,故而色彩透明度差些,由它制成的纺织品的颜色,呈现出自然柔和的视觉效果,所以天然彩色棉制品的鲜亮度不及印染面料,但彩色棉经过有限的多次洗涤后,颜色一次比一次更鲜艳,即天然彩色棉越洗越鲜艳。这与染色棉纺织品愈洗愈旧有质的区别,是识别天然彩色棉制品与印染或色纺纱产品真伪的标志。

(a)洗涤前　　　　　　　(b)洗涤后

图 1-12　热水洗涤前后的棕棉毛巾色泽

(2)显微镜色素观察法:将经铜氨溶液溶胀 30~60 s 的彩色棉纤维置于显微镜下观察其色素分布,如果观察到色素主要分布在纤维胞腔内呈螺旋状,则该彩色棉为天然彩色棉;如果在显微镜下观察到色素均匀分布在纤维的各部位,则有色棉为染色棉。图 1-13 为绿棉纤维经铜氨溶液溶胀后色素的分布,未经处理的绿棉纤维色素主要分布

(a)未处理绿棉纤维　　　(b)30℃表面活性剂作用　　　(c)90℃表面活性剂作用

图 1-13　绿棉纤维色素分布

在胞腔内,溶胀后形成螺旋状的溶胀层;经表面活性剂低温(30℃)作用后,色素向胞腔内转移,但失去转曲的特征;经表面活性剂高温(90℃)作用后,色素发生转移,在胞腔内呈均匀分布的特征。

铜氨溶液配置:①80 g 硫酸铜中加入 750 mL 蒸溜水,加热搅拌至硫酸铜完全溶解;②在硫酸铜溶液中缓缓加入浓氨水至弱碱性,然后加入浓度约为 25% 的氨水 38 mL,此时产生绿色碱式硫酸铜沉淀;③倒去上层清液,用 1 000 mL 约 60℃的蒸溜水分 4 次洗涤沉淀物(洗去硫酸氨),接着用蒸溜水洗涤 3 次,每次洗涤都要静置至沉淀完全,最后在吸滤器上用蒸溜水洗涤至不含 SO_4^{2-}(用 10%氯化钡检验);④用 700 mL 氨水分 5 次加入经上述洗涤后的沉淀物中,每加 1 次氨水剧烈振荡后,静置至沉淀完全,将上层清液即铜氨溶液收集于棕色瓶中待用;⑤铜氨溶液浓度标定,用硫代硫酸钠和硫酸分别标定铜和氨的浓度;⑥铜氨溶液浓度调节,使各组分的质量浓度为铜 13 g/L±0.2 g/L,氨 150 g/L±2 g/L,葡萄糖 2 g/L。

1.6.2　定量鉴别

彩棉纤维定量鉴别原理是基于彩棉纤维两方面的特征,一是含氮量较高;二是色素分布在次生胞壁靠近中腔位置,与染色纤维均匀分布色素有明显区别。首先用元素分析仪测定纤维含氮量,若氮含量>0.1%,则用光学显微镜观察经碱溶液溶胀后的纤维色素分布,判别彩棉纤维根数,计算根数百分比。

2　彩色动物纤维

自然界中,许多动物的毛发和绢丝具有天然美丽的色彩。例如野蚕丝中,天蚕有翡翠绿、浅绿、金黄等颜色,又以绿色最为名贵;柞蚕丝为天然米黄色,如图 1-14 所示。羊驼毛则具有黑色、棕色、白色三类 22 种天然颜色,羊驼和羊驼纤维色泽分别如图 1-15 和表 1-3 所示。

（a）绿色天蚕茧

（b）黄、绿天蚕茧

（c）柞蚕茧

图 1-14　野蚕丝天然色彩

（a）黑色苏力

（b）棕色苏力

（c）白色阿尔帕卡

图 1-15　黑、棕、白三种天然色彩的羊驼

表 1-3　羊驼毛的 22 种天然颜色

然而,最常使用的桑蚕丝和绵羊毛的颜色则多为白色,其产品一般需经染整加工。这些动物纤维天然色彩的开发有利于产品附加值的增加和资源的优化;有助于传统毛、丝产业冲破绿色贸易壁垒,赢得更广阔的市场;有利于避免织物加工处理过程中各种化学残留物对人体的危害和环境的污染。

2.1　彩色羊毛纤维

2.1.1　彩色羊毛纤维产业现状

美国、俄罗斯、英国、法国、澳大利亚等国近年来都在致力于研究、培养和繁殖有色绵羊品种。目前已初步培育出具有鲜红色、浅蓝色、金黄色、琥珀色、紫黑色、灰色以及雪青色的有色绵羊,如图 1-16 所示。在国际市场上,天然彩色毛织物非常畅销,价格也不断上涨,更刺激各国的研究工作的开展。

图 1-16　天然彩色绵羊

俄国、法国、澳大利亚、印度尼西亚及美国的科学工作者经过十多年的艰苦研究和实验,发现了一个重大科学奥秘:给绵羊饲喂不同微量金属元素,能改变绵羊的毛色。依据铁元素能使绵羊毛变成浅红色、铜元素能使绵羊毛变成浅蓝色的基本原理,可初步批量培育出供进一步深化试验研究作种材使用的,具有颜色鲜艳的浅红色、浅蓝色、金黄色及浅灰色的彩色绵羊,或称有色绵羊。

世界最大产毛国澳大利亚培育出了蓝色绵羊,色泽从浅蓝、天蓝到海蓝。这些身长蓝色毛的绵羊经配种繁殖了苏塞克斯种的彩色绵羊,苏塞克斯种的彩色绵羊繁殖数代,羊毛没有褪色且毛质优良。科学家分析,这是羊体内主导基因所决定的,找出主导基因则有望培育繁殖彩色绵羊,将会在彩色纤维家族增添天然彩色羊毛。

2.1.2 彩色羊毛纤维特点

彩色绵羊毛及其制品,经风吹、日晒、雨淋后,其毛色仍然鲜艳如初,毫不褪色;彩色羊毛的纤维因不需要染色,不会有染料残留的化学物质,未被腐蚀,因此韧性很强,质地坚实,耐磨耐穿,使用寿命更长,比后期加工染色的羊毛更优越。

2.2 彩色蚕丝纤维

2.2.1 彩色蚕丝纤维产业现状

致力于彩色蚕丝开发的研究人员,在自然基因突变的家蚕中,选出几种与天然彩丝相关的基因,进行相关的修饰基因分析,采用染色体工程的技术方法,最终育出天然彩色丝家蚕的品种,能结出淡黄、金黄、肉色、红色、蒿色、锈色、淡绿等颜色的蚕茧,如图 1-17 和图 1-18 所示。

图 1-17　红色和黄色蚕茧　　　　　　　图 1-18　肉色和黄色蚕茧

日本东京大学研究者作道孝志认为,了解蚕的色素运输系统,有可能"为蚕丝的颜色和色素比例的基因操作铺平道路"。研究人员已经生产出黄色蚕丝。未来,这些家蚕可以在操控下生产出肉色或微红色蚕丝。自然界中的蚕茧颜色有白色、黄色、稻草色、橙红色、粉红色和绿色。蚕丝的颜色取决于家蚕吃桑叶时对自然色素的吸收。利用遗传学吸取自然色素的能力,在彩色蚕丝的生产中起到至关重要的作用。例如黄血基因能让家蚕从桑叶中吸取类胡萝卜素,而当黄血基因发生变异时,这个 DNA 片段被删除,因此它不能吸收类胡萝卜素,从而产生白色蚕丝。科学家发现存在这种突变的家蚕会产生一种有功能的类胡萝卜素捆绑蛋白(CBP),它能促进色素的吸收。因此研究人员利用遗传工程技术,将原始的黄血基因引入到突变的家蚕体内。这些转基因家蚕就会产生有功能的类胡萝卜素捆绑蛋白,吐出黄色蚕丝。经过多次杂交后,蚕丝的黄色会变得更加鲜艳。丝的颜色由蚕所吃的桑叶所吸取的自然色素决定。

日本宇都工业大学的科学家培养出的彩色蚕丝,是利用一种基因变性昆虫病毒,感染蚕的幼虫。这种病毒携带着一种丝蛋白,其中含有来自水母的绿色荧光蛋白质基因的信息。病毒感染幼虫细胞后,就嵌入蚕的脱氧核糖核酸中,用改造后的基因取代蚕的正常基因,使蚕丝成为一种能够在黑暗中发出绿色荧光的纤维。

日本农业生物资源研究所与群马县蚕丝技术中心等研究组 2008 年 10 月 24 日宣布成功大量培养出了荧光色的转基因蚕,如图 1-19 所示,并研发出蚕茧转为生丝时仍能保持发光特性的方法。

这种蚕被导入了水母、珊瑚等的荧光蛋白质基因,所结的茧在自然光照射下呈淡绿色或粉色,但经蓝色发光二极管等光线照射后,通过滤镜观察则呈荧光色。该成果有望应用于衣料及家装等领域。

图 1-19　荧光色蚕茧与蚕丝

柬埔寨、泰国和越南有生产黄色桑蚕丝产品的传统,如图 1-20 和图 1-21 所示。其中柬埔寨有彩色茧丝生产的悠久历史,有规模生产能力,目前饲养的桑蚕品种全是金黄茧。蚕农把彩色茧进行活蛹缫丝,缫得的丝仍然保持鲜艳的色彩。泰国蚕种饲养半数以上是自繁殖的多化性黄茧土种,泰国的丝绸商品出口主要是丝绸织物和绢丝,为附加值迅速提升的彩色蚕丝奠定了基础。泰绸在日本和欧美市场的声誉日益升高。

图 1-20　泰国黄色蚕茧

图 1-21　柬埔寨黄色蚕茧

中国的天然彩色蚕丝技术处于领先地位。浙江大学和浙江花神丝绸集团联合主持的彩色蚕丝生产技术,是利用家蚕种资源库中天然有色基因获得天然彩色茧育种材料,进一步选育出天然彩色茧实用蚕品种系列。该技术已能使蚕茧天然具有红、黄、绿、粉红和桔黄等颜色,并在浙江桐乡产业化生产,2005 年桐乡已成功饲养彩色蚕茧 16 932 kg。

苏州大学蚕桑研究所从 20 世纪 90 年代起就致力于彩色茧的研究。2000 年苏大与日本、柬埔寨合作研发和生产彩色蚕茧,在柬埔寨先后收集了 100 多个彩茧原始品系,从中发现了一个颜色非常均匀的品种,后通过基因重组和 3 年的精心培育,育出了黄色家蚕品种,如图 1-22。并利用桑蚕荧光色遗传机制,培育了荧光茧色判性蚕品种。该品种蚕茧在荧光灯下只显示两种颜色,如图 1-23 所示,即雄茧为黄荧光、雌茧为紫荧光,性别判断成功率稳定在 95% 以上。

图 1-22　金黄色家蚕茧

图 1-23　荧光茧色判性蚕茧

图 1-24　天然绿色家蚕茧

西南大学家蚕基因组研究团队在中国工程院院士、世界著名蚕学家向仲怀教授的带领下,2003 年完成了世界首张家蚕基因组"框架图",2008 年绘制了世界首张家蚕全基因组精细图谱,并成功开发出中国第一个转基因新型有色茧实用蚕种,缫出首例转基因绿色蚕丝,能结出色彩稳定的绿色茧,如图 1-24 所示。用这种茧缫出的生丝在自然光线下呈现美丽的绿色,在紫外光下能发出绚丽的绿色荧光,如图 1-25 所示。西南大学蚕桑学重点实验室在家蚕基因框架图研究成果的基础上,通过精心选育,开发出了红、黄、蓝、粉红等 40 余个自然彩色蚕茧品种,并在涪陵等地区推广。

（a）正常光线下

（b）紫外光线下

图 1-25　紫外光下发出荧光的绿色蚕茧与蚕丝色

2.2.2　彩色蚕茧的生产方法

（1）选养良种法：此类良种主要是指彩色茧蚕品种。中国有碧连、大造、绵阳红、巴陵黄、安康四号等;日本有钟光×黄玉、PNG×PCG、群马中 125 等。饲养这些蚕品种可以直接获得五颜六色的天然彩色茧丝,如图 1-26(a)。

（2）添食色素法：将不同颜色的矿石染料和明矾按一定比例溶解于水,制成不同颜色的颜料,用颜料浸泡桑叶饲养家蚕,改变家蚕绢丝腺的着色性能,可获得不同颜色的彩色蚕茧;或者直接饲养有颜色饲料,结出的茧子即具有与饲料类同的颜色,如图 1-26(b)。

（3）溶液浸泡法：将蚕体浸泡在颜料、染料及它们的中间体的重氮盐与一种加成聚合体的单体聚合而成的溶液中,使色素通过气门进入蚕体内,经血液并到达绢丝腺,最后结出彩色茧;或者将白色茧子直接放入染料中煮染,形成有色茧,它与其他彩色茧有本质区别,与染色茧丝类同,没有环保性,如图1-26(c)。

（a）彩色蚕种茧

（b）添食色素茧

（c）溶液浸泡茧

图 1-26　彩色蚕茧生产方法

2.2.3　彩色蚕丝的性能

彩色蚕丝系天然多孔性蛋白质纤维,丝蛋白分子间的空隙率比白色蚕丝大,蚕丝的色素主要集中在丝胶中。

（1）吸湿保湿性能:彩色蚕丝因其蛋白分子间较大的空隙率(图1-27),使纤维具有良好的柔韧性、保暖性、吸放湿性和通气性。

（a）白色家蚕丝

（b）多化性天然黄色家蚕丝

（c）天然黄色家蚕丝

图 1-27　绿色蚕丝横截面(3 000 倍)

（2）紫外线吸收能力:彩色蚕丝蛋白质纤维中含有芳香族氨基酸,分子活性较大,对小于300 nm的紫外光具有良好的吸收性。如果用紫外线长时间照射蚕茧,茧内的蚕蛹发育、羽化的蚕蛾及后代均正常。但若将蚕蛹从茧内取出后直接照射,蚕蛹会受到严重影响,羽化的蚕蛾及后代大多会出现畸形。天然彩色蚕丝这种优良的紫外线吸收能力,能有效地防止紫外线的透射。

（3）抗菌能力:彩色蚕丝的黄酮色素含量和类胡萝卜素含量明显高于白色蚕丝。黄色蚕丝的黄酮色素含量比白色蚕丝高30%,类胡萝卜素含量高33倍;绿色蚕丝的黄酮色素含量比白色蚕丝高4倍,类胡萝卜素含量高9倍。彩色蚕丝中较高的黄酮色素含量和类胡萝卜素含量使其织物具有良好的抗菌能力,如表1-4所示。彩色蚕丝织物对黄色葡萄糖球菌、MRSA、绿脓菌、大肠杆菌、枯草杆菌和黑色芽孢菌 G+ 等的抑制作用,明显地优于棉和白蚕丝织物。此外,由于蚕丝多孔的丝纤维具有类似活性炭的作用,还可使织

15

物具有消臭的功能。

表 1-4　彩色蚕丝织物的抗菌效果

细菌种类	抑菌率/%			
	棉织物	白蚕丝织物	绿蚕丝织物	黄蚕丝织物
黄色葡萄糖球菌	37.2	72.1	99.3	92.8
MRSA	41.0	69.8	99.7	98.6
绿脓菌	29.4	66.6	99.8	97.1
大肠杆菌	45.2	67.2	98.4	93.7
枯草杆菌	39.4	65.3	97.8	91.8
黑色芽孢菌 G+	36.7	78.4	98.9	94.3

注：数据来源于 2006.9《丝绸》。

（4）抗氧化能力：生物在生命活动中会不断地产生活性氧自由基，破坏生物的功能分子，对机体产生危害。蚕丝具有分解自由基的活性，其中绿色蚕丝的分解能力最强，可将 90% 的活性氧自由基分解；其次是黄色蚕丝，能分解 50%；白色蚕丝仅分解 30%。

（5）色素分布不匀和不稳定性：家蚕天然彩色茧的色素来源于桑叶或蚕体内自身合成，无毒无害，色彩自然，色调柔和，有些色彩是染色工艺难以模拟的。但由于对其色素特性和利用方法的研究不够，加上家蚕茧色受到近 20 个基因的调控，遗传规律复杂，常见的红黄色系列蚕茧的色素主要集中在丝胶中，并且在茧层中的分布不匀，导致生丝颜色不匀，缫丝、精练等过程中脱胶不均一和色素流失而形成花斑丝。

2.3　彩色兔毛(绒)纤维

2.3.1　彩色兔毛(绒)纤维产业现状

彩色长毛兔是美国加州动物专家经 20 多年选育培养而成的新毛兔品种，该兔育成后，首先在美、英、法等国作为观赏性动物饲养，全世界数量极少。20 世纪 80 年代末，我国家兔育种委员会从美国某动物研究所引进优良彩色兔种，现已培育出黑色、米黄色、咖啡色、青紫蓝、银灰色及棕色等 10 多种颜色的彩色兔，如图 1-28 所示。

图 1-28　天然彩色长毛兔

2.3.2　彩色兔毛(绒)纤维结构

兔绒和兔毛纤维一样,是髓腔纤维,髓质层的结构与羊毛不同,多为点状髓或单列断续髓,由结构较为规则的长方形空腔构成,腔室间互不相通,腔内还有一些大小不等、近似球状的物质,如图 1-29 所示。兔绒的髓腔和纤细特征,使兔绒纤维具有非常优异的保暖性能。

（a）白色兔毛(绒)　　　　（b）灰色兔毛(绒)　　　　（c）黄色兔毛(绒)

图 1-29　彩色兔毛(绒)纤维形态结构

兔绒的鳞片紧贴毛干,呈菱形和斜条状形态。鳞片紧贴毛干的特性使兔绒纤维手感光滑,同时使纤维的抱合力较小。

2.3.3　彩色兔毛(绒)纤维性能

（1）色泽特征:彩色长毛兔一般全身统一色泽,有黑、灰、黄、驼、棕、蓝等十几个色系,并且大多数纤维的毛梢、毛干和毛根分段呈现二三种不同颜色,如图 1-30 所示,使混合后的纱条颜色具有立体效果和层次感。色泽天成的特点使彩色兔毛有其他天然毛纤维不可比拟的优点。在加工生产中,不需染色,就能够满足织物对多种色彩的需求,产品颜色均匀无色差,色泽自然、柔和、美观,并且没有染色织物的水洗、日晒、汗渍等褪色沾色问题。

图 1-30　彩色兔毛(绒)的分段颜色

（2）细度与长度:彩色兔毛纤维中,有粗毛和细绒两种不同粗细的纤维。直径在 30 μm 以上的粗毛约占 10%～15%,粗毛可使兔毛产品增加立体感或针枪感,但粗毛的脆硬特性相应地增加了产品掉毛的概率及穿着时的刺痒感。与山羊绒不同的是,彩色兔毛中的粗毛大多数是以与细绒同体的两型毛状态存在的,即同一根纤维中,上半截是粗毛、下半截是细绒。彩色兔毛细绒的平均细度为 10.2~14.6 μm(白色兔毛的平均直径为 12.9~13.9 μm,直径离散度为 28%~36%),与白色兔毛相近,是天然特种动物纤维中最细的。

白色兔毛的平均长度为 64 mm,白羊绒的平均长度为 40 mm,80^s 细羊毛的长度为 60 mm;彩色兔毛的平均长度为 30~70 mm,最长的可达到 110 mm 以上。天然彩色兔毛较长的特征,使其具有更好的可纺性。

(3)卷曲与摩擦性能:纤维的卷曲性能关系到加工过程中纤维之间的抱合力的大小及产品的手感,如果纤维具有适当的卷曲数及良好的卷曲弹性,则纤维间抱合力大,易于加工,产品质量较高。彩色长兔毛纤维的卷曲性能如表 1-5 所示,彩色兔毛和白色兔毛的卷曲数、卷曲率小于 70 支澳毛和羊绒,彩色兔毛的卷曲弹性与羊毛、羊绒接近。彩色兔毛的总体卷曲性能与白色兔毛相近,在工艺性能上表现为抱合力差,成纱加工难度随着兔毛比例的增加而增大。

表 1-5　彩色长兔毛纤维的卷曲性能

纤维种类	卷曲数/个·cm^{-1}	卷曲率/%	卷曲弹性回复率/%	卷曲残留率/%
彩色兔毛	2~3	5	85	5
白色兔毛	2~3	2	45	1
70 支澳毛	6~8	11	90	10
白色羊绒	4~6	11	85	10

彩色长兔毛纤维的摩擦性能如表 1-6 所示,其动、静摩擦系数均小于 70 支澳毛和羊绒,这是它手感滑爽的原因之一。

表 1-6　彩色长兔毛纤维的摩擦性能

纤维种类	顺鳞片摩擦系数		逆鳞片摩擦系数	
	动摩擦	静摩擦	动摩擦	静摩擦
彩色兔毛	0.13	0.19	0.17	0.25
白色兔毛	0.11	0.19	0.27	0.33
70 支澳毛	0.25	0.32	0.45	0.50
白色羊绒	0.20	0.26	0.29	0.36

(4)机械与物理性能:彩色兔毛的初始模量比羊毛、羊绒高,但断裂强度、断裂伸长、断裂功都较低。因此,在加工过程中应采用轻缓梳理工艺,保护纤维少受损伤。保持纤维的强度及长度,可以有效降低衣物穿用时的掉毛现象。

彩色兔毛具有与白兔毛纤维同样发达的髓腔,平均密度比其他动物纤维低,多为 1.1~1.2 g/cm^3,制成的衣物轻爽、舒适,保暖性好。

彩色兔毛的含油脂量与白兔毛相近,一般不超过 1.2%;含杂较少,也较干净,不需洗毛,但要加适量和毛油,以利于加工顺利。

在气温 21℃、相对湿度为 65% 时,彩色兔毛的质量比电阻约为 1.5×10^{11} Ω,远大于羊毛的比电阻,静电现象严重,生产中需要选用抗静电性能好的抗静电油剂或者加入少量导电纤维进行调节。

第二节　天然变性纤维
——拉细羊毛

羊毛是一种重要的天然纺织原料,具有弹性好、吸湿性强、保暖性好、不易玷污、光泽柔和等优良特性。这些特性使其织物具有独特的风格和使用功能,尤其是细支羊毛 $(18\sim21\ \mu m)$ 和超细支羊毛 $(15\sim18\ \mu m)$ 所加工的各种高级衣用面料,更是当今高档毛纺织品的主流。但同时,羊毛细度越小,其价格上升越快。2005 年由意大利洛罗·皮亚纳时装公司买下的 93 kg 年度最细羊毛,每根羊毛直径只有 11.8 μm,总价为 17.48 万美元,相当于每公斤 1 880 美元,是普通羊毛市场价的 357 倍。当前,随着人们生活水平的提高,羊毛织物的轻薄化已经成为不可逆转的发展趋势。因此,解决目前细支羊毛短缺且价格高的问题变得非常紧迫。

目前有效获得细支羊毛的方法主要有三类:一是羊种的遗传培育与改良;二是羊毛纤维的减量变性处理;三是羊毛纤维的拉伸细化加工。

羊种改良在早期主要通过选育优质羊种进行杂交来培育,但这一过程历时较长,很难短期内获得明显效果。20 世纪 80 年代后,生物技术在羊种遗传育种和改良中得到了应用,但由于这些生物技术仍未成熟或者应用成本高等原因,在此方面未得到广泛应用。羊毛减量变性处理主要通过部分或者全部剥除纤维表面鳞片的方法来改善纤维摩擦性能,提高毛织物的尺寸稳定性,赋予纤维优良的光泽和滑爽的手感。这种方法仅能在一定程度上使纤维变细,一般直径仅减少 1.5~2.0 μm,而且对纤维表面鳞片的损伤很大,破坏了纤维的原有结构。

由于前两种方式的种种不足,人们把大量获得细支羊毛的希望寄予在拉伸细化技术上。羊毛拉伸细化技术是一种环境友好型的羊毛改性技术,它采用物理和化学加工相结合的方法,将毛条中的羊毛纤维拉细,并将其定形,由此技术加工得到的羊毛纤维称为拉细羊毛。这种方法可将羊毛纤维的细度显著减小,由此生产的织物光泽好,手感如同真丝,悬垂性优良。此外,应用该方法可将中等细度羊毛加工成超细、超长羊毛,极大地提高羊毛纤维的使用价值。因此,拉伸细化技术是一种蕴含极大经济价值和市场前景的工艺。

1 羊毛拉伸细化研究与产业发展现状

羊毛拉伸细化技术是 20 世纪 90 年代羊毛科学和工业加工中的前沿技术,该技术是继"羊毛氯化防缩机可洗工艺"推出以来的又一项重要技术突破。目前,国内外对羊毛拉伸细化技术均有研究,并已取得一定的成果,其中的佼佼者是澳大利亚联邦工业与科学研究院(CSIRO)的科学家们。

19

1.1 国外羊毛拉伸细化研究与产业发展现状

羊毛拉伸细化的相关研究最早始于澳大利亚联邦工业与科学研究院(CSIRO)的 David Phillips 博士所带领的团队。这一技术从构思到工业化生产总共历时约 15 年的时间。其过程具体来说可分为四个阶段:1984 年开始提出技术构想;1985—1987 年开始前期基础实验;1989 年申请短纤维拉伸的专利;90 年代国外出现了这项技术的专利报道,并由 CSIRO 与日本技术合作开始产业化生产,1998 年 7 月正式投产,并申请了"Optim™"这一商标。该技术包括纤维预处理、机械拉伸、化学定形等一系列专利技术,其设备如图 1-31 所示。

图 1-31 "Optim™"羊毛拉伸细化加工设备　　　图 1-32 拉细前后的羊毛长度

CSIRO 的羊毛细化过程的实现是通过对无捻毛条施以假捻后拉伸细化羊毛纤维以制得 Optim 精梳条,经过拉伸细化毛条中纤维长度得到大幅的增加,见图 1-32。若采用不同的定形工艺,该技术可制得两种性能不同的纤维,即:"Optim Fine"纤维,直径可比细化前减少 3~4 μm,纤维性能得到极大优化,可用于生产光泽较好、手感如同真丝、悬垂性优良的轻薄织物;"Optim Max"纤维,缩水处理后长度可缩短 20%~25%,通过与普通羊毛纤维混纺,可用于制造轻薄型蓬松针织物[①],如图 1-33 所示。目前,我国内蒙古鹿王集团已耗资 1 000 万元购买了第一台可以用于产业化的这种设备,其产品销量非常好。

(a) 湿处理前后　　　　　　　　　　　(b) 纱线实物

图 1-33 "Optim™"与纯新羊毛混纺膨松纱

---

① 刘洪玲,于伟东,章悦庭.羊毛拉伸细化技术综述[J].东华大学学报,2002,28(3):114~119。

此外,日本科学家曾开发出一种羊毛拉伸细化技术,其主要不同之处在于其拉伸的是平行排列的毛条,不施加任何的捻度,主要通过多组加压罗拉的速度差来实现纤维的拉伸细化。但这项工艺的缺点明显,纤维很难被严格握持,所获得细化纤维的离散较大,因此该技术逐渐被淘汰。

1.2　国内羊毛拉伸细化研究与产业发展现状

国内在羊毛拉伸细化技术的研究方面起步较晚,主要从 20 世纪 90 年代末开始出现相关的研究报道。2002 年,天津工业大学与内蒙古鄂尔多斯集团合作开发了一套与澳大利亚类似的假捻拉伸细化工艺及设备,但由于细化效果不佳,目前并未投入生产。上海东华大学于伟东教授带领的科研团队也在羊毛拉伸细化方面进行了深入的研究,也提出了一套全新的羊毛拉伸细化工艺,该工艺的主要特点是纤维拉伸后可采用二次定形技术分别获得永久和暂时定形纤维。该团队已在预处理试剂、拉伸细化工艺方面取得多项专利。此外,上海毛麻科学技术研究所等单位也对羊毛拉伸细化进行了一定的研究。目前,我国已制定针对拉细羊毛的国家标准《GB/T 24317—2009　拉伸羊毛毛条》。不过,当前国内的研究多处于理论阶段,至今未有产业化应用的相关设备出现,在此方面与国际先进水平还存在一定的差距。

2　拉细羊毛纤维的形态结构

羊毛纤维经过一系列物理化学过程处理得以拉伸细化,在此过程中纤维的形态结构必然会发生很大的变化。通过扫描电镜(SEM)观察发现,拉细羊毛与普通羊毛纤维一样,纵向表面都覆盖有一层较厚的鳞片层,如图 1-34 所示。但细化羊毛的表面鳞片明显被拉长,鳞片厚度也随之变得更薄,鳞片的间距也有所增大,并且少量鳞片细胞存在边缘翘起现象。而通过对拉细羊毛纤维的横截面进行观察发现,在羊毛纤维伸长的同时,其截面形态也发生了较大的变化,如图 1-35 所示。未拉伸的羊毛纤维截面为圆形或椭圆形,拉伸后纤维的截面由近圆形变为多边形,形成了异形截面,这可能就是导致拉伸细化羊毛具有丝般光泽的重要因素。

（a）细化前　　　　　（b）细化后

图 1-34　拉伸细化前后羊毛纵面形态

（a）细化前　　　　　（b）细化后

图 1-35　拉伸细化前后羊毛横截面形态

3 拉细羊毛纤维的品质

拉伸细化处理后,随着羊毛纤维的形态结构的改变,其纤维品质将发生较大的变化。

3.1 拉细羊毛纤维长度

拉细羊毛在加工过程中,其长度必然随着拉伸倍数的增大而增加,表 1-7 所示为采用 Uster-Almeter 仪器测得的 Optim 纤维与 100 支羊毛、70 支羊毛的豪特长度对比。拉伸细化后,细化羊毛长度增加明显,但同时纤维长短不匀增加,纤维中短纤维数量增加。

表 1-7　Optim 纤维与 100 支、70 支普通毛纤维的豪特长度(H)对比

指　标	100 支羊毛	70 支羊毛	Optim 纤维	相对变化率/%	
				100^S	70^S
H/mm	62.3	67.2	81.1	30.18	20.68
CV_H/%	38.6	49.5	65.1	68.65	31.52

注:① 此表数据摘自于伟东等《Optim 纤维的物理性能研究》一文;
　　② 表中 Optim 纤维的加工原料为 70 支羊毛。

3.2 拉细羊毛纤维的细度

羊毛在经过拉伸细化处理后,根据拉伸倍数的不同,纤维直径通常能降低 3~4 μm。实际生产中,70 支羊毛的平均直径约为 19 μm,将其拉伸细化后所得到的 Optim 纤维的平均直径可降低到 16 μm 左右。

3.3 拉细羊毛纤维的强度

拉细羊毛的强度通常优于加工前的原毛,同时纤维的断裂伸长率和断裂比功与原毛相比有明显的下降。因此,细化羊毛的弹性和耐疲劳性较差。

3.4 拉细羊毛纤维的表面摩擦性能

拉伸细化羊毛纤维的顺鳞片摩擦系数变化不大,而逆鳞片摩擦系数下降明显。因此,细化羊毛纤维的差微摩擦效应大幅降低。这一特征对于防止羊毛的毡缩效果极为有利。

3.5 拉细羊毛纤维的光泽

由于拉伸细化过程中羊毛纤维的截面形态由圆形或近圆形转变为多边形,表面鳞片结构发生改变,因此,拉细羊毛纤维具有丝一般的光泽,其表面光泽普遍优于原毛。

第三节　木棉纤维

1 木棉纤维研究与产业发展现状

　　木棉纤维是锦葵目木棉科内几种栽培种植物果荚内附着的纤维,属单细胞纤维,与棉纤维相同。但棉纤维是种子纤维,由种子的表皮细胞生长而成纤维附着于种子上;木棉纤维是果实纤维附着于木棉蒴果壳内壁,由内壁细胞发育、生长而成,如图1-36所示。木棉纤维在蒴果壳体内壁的附着力小,一般不需专门的初加工设备,只需箩筐筛动,木棉种子便可与木棉纤维分离,各种木棉纤维如图1-37所示。

　　（a）木棉树　　　　　（b）木棉花　　　　　（c）木棉蒴果　　　　　（d）木棉纤维

图1-36　木棉纤维的形成

　（a）带籽木棉(黄)　　　（b）带籽木棉(棕)　　　（c）带籽木棉(白)　　（d）分离后木棉纤维(黄)

图1-37　木棉纤维

1.1 木棉纤维的传统研究与应用

　　（1）浮力材料:1946年,美国海岸警卫队对木棉、玻璃纤维、Cattail、Milkweeds等天然纤维集合体进行了浮力试验,得出木棉是其中最佳的浮力材料;1982年,又对木棉和PVC、PE等泡沫塑料填充的救生衣进行了实际试穿试验,证明泡沫塑料救生衣在穿用中由于老化导致破损,而木棉救生衣则不存在此问题,具有独特的优势。

　　（2）被褥、枕芯、靠垫等家居纺织品:木棉纤维具有不吸潮、不易缠结和防虫防蛀等优异特性,非常适宜作为褥垫和枕芯的填充材料,如图1-38(a)(b)(c)所示,尤其在潮湿气候下。同时,木棉纤维的薄壁、大中空结构,使其能捕捉大量静止空气而具有良好的保暖性,但压缩弹性较差,在反复持久压缩下,蓬松性能会明显降低,这就导致了木棉纤维未能在这些领域广泛应用。

(a) 木棉靠垫1　　　　(b) 木棉靠垫2　　　　(c) 木棉褥垫　　　　(d) 木棉黎锦

图 1-38　木棉传统产品

(3)黎锦织物:黎锦堪称中国纺织史上的"活化石",历史已经超过3 000年,是中国最早的棉纺织品。早在春秋战国时期,史书上就称其为"吉贝布","吉贝"在黎语中正是木棉的意思。野生木棉在南方有广泛的分布,而地处热带气候的海南岛出产的木棉纤维质量上乘,它为黎锦的诞生提供了物质基础。

木棉的果实成熟后,白色的棉絮随风飘舞,心灵手巧的黎族祖先很早就发现了木棉的用处,用木棉纺纱织布。中国博物馆所藏清代《琼州海黎图纺织图》文字说明:"其地惟产木棉一种,春花夏实。黎妇采子取棉,以手足纫线,染成绚烂色,织为吉贝。"黎族人采用木棉花蒴果内的棉毛或其他种类的棉花做纬线,以苎麻等纤维做经线,再用天然植物色素为颜料染色,然后织成一种特色花棉布——黎锦,如图1-38(d)。从宋代到清代,黎锦极品都是向朝廷进贡的珍品,被誉为"东粤棉布之最美者"。

1.2　木棉纤维现代研究与应用

(1)中高档服装、家纺面料:一直以来,木棉纤维因其长度较短、强度低、表面较光滑、抱合力差、相对扭转刚度大和缺乏弹性,成纱比较困难,导致其在纺织方面的应用具有很大的局限性。随着现代纺织技术的发展,特别是新型纺纱技术的进步,以及木棉纤维自身具有的绿色生态、超轻保暖、天然抗菌、吸湿导湿等优良特性,使其在服用、产业用纺织品等领域得到了新的发展。

1992年,O. K. Sunmonu最早用转杯纺纱技术纺出木棉和棉混纺比为60/40和50/50的纱线,该混纺纱光泽较好,但强度比棉低得多,其他很多性能也不如棉,仅限用于对纱线强度要求不高的领域。2003年,B. M. D. Danda等人通过转杯纺纱方法在常规纺纱条件下以一定比例的木棉和棉混纺,棉和木棉的混纺比分别为80/20、70/30、60/40、50/50,并研究了木棉纤维的可纺性能及不同混纺比例下纤维的机械力学性能。

木棉纤维混纺纱,因木棉纤维表面光滑,随着混纺纱中木棉纤维含量的增加,纤维间滑移增加,导致混纺纱强度降低、断裂伸长增加;因木棉质轻,导致不能在转杯附近均匀积聚,从而使混纺纱的纱疵、条干不匀率增加。

2003 年日本大和纺织公司生产的木棉和棉混纺织物投放市场,木棉含量为 30%～50%,主要用于制作妇女轻量短大衣、衬衫和连衣裙以及男士上装。

2006 年上海纺织、上海日舒纺织科技公司与上海金考拉服饰公司共同科技攻关,开发出"木棉环锭纺纱技术",研发出的木棉纱线被命名为"赛帛尔 CEIBOR(金慕棉)",同时开发出首款木棉保暖内衣和其他赛帛尔 CEIBOR 木棉制品,如图 1-39 所示。

(a) 赛帛尔®纱

(b) 木棉絮片

(c) 木棉床品

(d) 木棉被褥

图 1-39　赛帛尔木棉产品

目前,上海攀铭企业发展有限公司利用自己的专利技术纺制 18.2～27.8 tex 的木棉混纺纱线,木棉纤维含量可达 70%,可以使木棉纤维广泛应用于针织内衣、绒衣、绒线衫、床上用品和袜类等领域。

(2)中高档被褥、枕芯、靠垫等的填充料:木棉纤维的压缩弹性较差,作为填充料容易被压扁毡化,尤其在湿热环境和反复持久压缩下,产品的柔软舒适性和保暖性衰减较快,蓬松性能明显降低,且絮片强度低,局部会出现破洞,传统木棉纤维只能作为低档的填充材料。2004 年东华大学开发了一种"持久柔软保暖木棉絮片的制造技术",即选用 25%～90%天然木棉纤维、5%～40%低熔点纤维、0%～70%压缩回弹性好的化学纤维,将纤维原料混合开松后进行成网,再将成网后的纤网进行黏合处理,从而实现了木棉纤维集合体较为合理的聚集状态。利用该技术制造的木棉絮片,其强度、压缩弹性、保暖性能的持久性都可与市场上的九孔涤纶絮片相媲美,而且在柔软舒适度、透气性和绿色环保性能等方面与涤纶絮片相比具有一定优势,制造成本与涤纶相当,可作为中高档被褥絮片、芯片、靠垫等的填充料。

(3)救生用品的浮力材料:木棉是天然纤维中最轻、中空度最高的纤维,其纺织制品能够承载自身质量 20 倍以上的重物漂浮在水面,这一特点使木棉纤维成为救生服的理想材料,如图 1-40 所示。新制木棉集合体浮囊具有良好的浮力保持性,即使包装材料略有破损,在水中浸泡 30 天,其浮力仅下降 10%,且干燥后木棉集合体将恢复其浮力。我国军方对木棉纤维和泡沫塑料的浮力、浮力损失率及压缩性能进行了研究,并决定选用木棉作为军用救生衣的浮力材料。

图 1-40　木棉救生服

东华大学木棉研究课题组也进行了相关方面的研究,获得了木棉救生功能纺织品的制造方法专利,2008 年中国国际工业博览会上,东华大学推出了用木棉纤维制成的"救生衣"。

(4) 隔热、吸声和吸油材料:木棉除用于浮力材料外,还可用于房屋的隔热层和吸声层填料。1998 年德国 Dresden 技术大学开发了木棉—毛复合隔热保暖建筑用材料,试验证明复合材料比单一毛纤维的隔热材料具有更好的吸热性和热滞留性。木棉纤维具有很高的吸油性,可吸收约 30 倍于其自身质量的油,是聚丙烯纤维的 3 倍,对植物油、矿物油,无论是水上浮油还是空气中的油分,都能吸收。吸油的木棉纤维如图 1-41。目前已经商品化的吸油过滤材料主要有木棉纤维、聚丙烯非织造布和凝胶化剂,其中木棉纤维是最早使用的吸油材料,所占市场份额最大,约占天然吸油材料销售量的 80%,各种类型的木棉吸油制品如图 1-42。

图 1-41　吸油后的木棉纤维

(a) 吸油毡　　　　　　　　　(b) 围油栏　　　　　　　　　(c) 吸油枕

图 1-42　木棉吸油制品

2　木棉纤维种类

(1) 按品种:目前应用的木棉纤维主要指木棉属的木棉种(学名 Gossampinus Malabarica)、长果木棉种(学名 Gossampinus Insignis)和吉贝种(学名 Ceiba Pentangra Gaeritn)这三种植物果实内的纤维。木棉纤维的英文名称有 Kapok(东南亚),最典型的有 Indian Kapok、Java Kapok 和 Tree Cotton、Java Cotton(印度)及 Silk Cotton(英国)等。

(2) 按纤维色泽:木棉纤维有白、黄和黄棕色三种,如图 1-43 所示。

(3) 按纤维产地:有爪哇木棉和印度木棉之称。爪哇木棉原产于热带美洲和东印度群岛,现广泛引种于东南亚及非洲热带地区,中国云南、广西、广东、海南等热带地区有栽培。纤维呈浅黄、浅褐色,有较强的光泽,长度为 8~32 mm,如图 1-44。每根纤维由一个单细胞发育而成,为中空圆管状,细胞破裂后收缩呈扁带形。胞壁较薄,两端封闭,中段较粗,根端钝圆,梢端较细。中段直径 18~45 μm,平均 30~36 μm,壁厚 0.5~2 μm。印度木棉是木棉

图 1-43　木棉纤维的三种颜色

属的栽培种,又称西马尔棉,颜色深棕黄,长度 10～28 mm,直径 15~-25 μm,其他性状类似爪哇木棉,但承载浮力仅其自身质量的 10～15 倍,浸水 30 天浮力损失约 10%。

（a）木棉树　　　　（b）木棉花　　　　（c）木棉蒴果　　　　（d）木棉纤维

图 1-44　爪哇木棉

3　木棉纤维结构特征

　　纵向外观呈圆柱形,表面光滑无转曲,中段较粗,根端钝圆,梢端较细,两端封闭。纤维截面为圆形或椭圆形的大中空管壁,中空度高达 80%～90%(目前化纤的最高中空度约 40%),如图 1-45 所示,其中腔和壁厚的比值约 10:1～20:1,而棉纤维的中腔和壁厚的比值约 2:1～3:1。成熟的木棉纤维很容易从果荚脱落,不像棉纤维需要较强外力从种子分离,所以其附着端总是紧闭的。木破坏的木棉纤维呈气囊结构,外部物质难以进入到其中腔内。破裂后纤维呈扁带状。

图 1-45　木棉纤维的空腔结构

　　木棉纤维的横截面和纵向外观结构如图 1-46 所示。木棉纤维截面为圆形或椭圆形,纵面无天然转曲,呈圆柱形,外壁光滑。曾有史料记载"黎族妇女操作,把木棉花絮一丝丝地接起来,放在腿上搓捻,用左手转动一端装有泥饼或铜钱的小枝做的纺锤,卷成纱锭"。那是因为木棉纤维无天然转曲,要用人工让它产生捻曲,但这样的捻曲不如天然转曲(如天然棉)牢固。

　　木棉纤维的结晶度为 33%,棉纤维为 54%;木棉纤维的结构较棉纤维松散,孔隙率较棉纤维高。

27

（a）横截面　　　　　　　　　　　　　　　　（b）纵面

图 1-46　木棉纤维形态结构

4　木棉纤维性能

4.1　化学组成和化学性能

木棉纤维由纤维素、木质素、蜡质、灰分等组成,其表面富含蜡质,因而光滑不吸水,不易弯曲缠结,亦可防虫。表 1-8 为木棉和棉纤维的化学组成及其化学性能。

表 1-8　木棉纤维的化学组成与化学性能

纤维	化学组成/%					化学性能
	纤维素	木质素	蜡质	果胶	其他非纤维性物质	
木棉	65	13	0.8	0.4	20.8	耐碱,耐弱酸,耐稀酸
棉	94	0	0.6	1.2	4.2	较耐碱,不耐酸

木棉纤维中,纤维素含量远比棉纤维少,而木质素含量较多。高含量木质素使木棉纤维具有天然抗菌功效、吸水快干、天然无机物含量高和优良的吸附性能。木质素的存在也导致木棉纤维具有较大的扭转刚度。在木棉纤维纺纱过程中可考虑去除部分木质素,以避免其在纺纱中的退捻现象。

木棉纤维具有良好的化学性能,耐酸性好,常温下稀酸对其没有影响,醋酸等弱酸对其也没有影响。木棉纤维溶解于 30℃、75% 的硫酸和 100℃、65% 的硝酸,部分溶解于 100℃、35% 的盐酸。木棉纤维的耐碱性能良好,常温下 NaOH 对木棉没有影响,在适当条件下用 NaOH 对木棉纤维进行处理,可改善其机械性能。

4.2　长度和线密度

木棉纤维长度为 8~32 mm,平均直径为 32~36 μm,纤维中段外径为 18~45 μm,细胞壁厚 0.5~2 μm,属亚纳米级材料,纤维线密度为 0.9~3.2 dtex。

4.3　物理性能

（1）吸湿性:标准大气条件下,木棉纤维的回潮率达 10.0%~10.7%,和丝光棉

10.6%的回潮率相当。主要源自纤维内部的半纤维素能快速地吸水膨胀。同时,在木质素的输送作用下,纤维内部的水分可以快速地晾干。

(2)相对抗扭刚度:木棉纤维的相对扭转刚度为$71.5 \times 10^{-4} cN \cdot cm / tex$,棉纤维为$7.74 \times 10^{-4} cN \cdot cm / tex$,玻璃纤维为$64.0 \times 10^{-4} cN \cdot cm / tex$,木棉纤维的相对扭转刚度比玻璃纤维还大。木棉纤维这一特性,会引起纤维纺纱时加捻效率降低。

(3)纤维密度:木棉纤维的表观体积密度为$0.29 g/cm^3$,是棉纤维的1/5。

4.4 拉伸性能

(1)拉伸曲线:木棉纤维的拉伸曲线与棉纤维相似,都没有明显的屈服点,如图1-47所示。木棉纤维随着负荷的增加,强力和伸长之间呈现较好的线性相关。

(a) 印尼 0.63 dtex 木棉　(b) 印尼 0.82 dtex 木棉　(c) 泰国 0.65 dtex 木棉　(d) 泰国 0.75 dtex 木棉

图1-47　4种木棉纤维的拉伸曲线

(2)断裂强力和伸长率:木棉纤维的断裂强力比较低,表1-9是与拉伸曲线对应的4种木棉纤维的断裂强力和伸长率实测值。从表中可看出,木棉纤维的平均断裂强力均低于2 cN,平均断裂伸长率小于4.5%,远远小于棉纤维的断裂强力和断裂伸长率。木棉的断裂强力均值为1.44～1.71 cN,大于现有梳棉机对纤维最低断裂强力1.2 cN的要求,这对木棉纤维纺纱具有重要的意义。但4种木棉纤维中,其断裂强力低于1.2 cN的均占一定比例,线密度越小,这一比例越大,给木棉纺纱带来一定的困难。

表1-9　木棉纤维的断裂强力和伸长率

木棉纤维种类	断裂强力				断裂强度 /cN · dtex^{-1}	断裂伸长率/%		
	均值 /cN	范围 /cN	<1.2 cN 百分数/%	CV/%		均值	范围	CV
0.63 dtex,手扯长度 19.5 mm	1.68	1.0～3.3	21.7	37.3	2.68	2.33	0.9～5.1	38.7
0.82 dtex,手扯长度 22.2 mm	1.71	1.1～3.3	9.4	31.3	2.03	1.83	0.5～3.9	38.9
0.65 dtex,手扯长度 16.8 mm	1.44	1.0～2.4	26.4	25.3	2.22	3.84	1.9～8.2	33.0
0.75 dtex,手扯长度 19.8 mm	1.55	1.0～2.2	18.9	24.6	2.06	4.23	2.2～6.3	25.2

注:数据来源于《东华大学学报(自然科学版)》2009年第35卷第5期《木棉纤维拉伸性能测试与评价》。

4.5 光学特性

木棉纤维的平均折射率为1.72,高于棉纤维(1.60),使木棉纤维光泽明亮,光滑的圆截面更增强了纤维的光泽。

第二章　产业化生态型再生纤维

第一节　再生纤维素纤维
——天丝、莫代尔、竹浆纤维

1 天丝(Lyocell)

1.1 天丝(Lyocell)纤维研究与产业发展现状

天丝是我国对学名为 Lyocell(莱塞尔)纤维的俗称,它是用 N-甲基吗啉氧化物-水(NMMO-H$_2$O)这一新型有机溶剂溶解纤维素,进行特殊纺丝得到的一种新型再生纤维素纤维。NMMO-H$_2$O 有机溶剂无毒性,制造过程中可回收,所以天丝纤维被称为"21世纪的绿色纤维"。国际人造及合成纤维标准局(BISFA)和美国联邦贸易委员会(FTC)分别于 1989 年和 1992 年将这类通过有机溶剂纺丝法制得的纤维素纤维的分类名称定为"Lyocell"。

Lyocell 纤维是荷兰 Akzo(阿克苏)、英国 Courtaulds(考陶尔兹)公司和奥地利 Lenzing(兰精)公司于 20 世纪 80 年代开发的新型纤维素纤维。目前,Lyocell 纤维最有名的注册商标为"Tencel®"(坦塞尔)。

1.1.1 Lyocell(天丝)纤维的研发历程

(1) 荷兰 Akzo 公司:1976 年,总部位于荷兰的 Akzo 公司组织 Enka 公司及其研究所开始研究以 NMMO 为溶剂的再生纤维素纤维,最先生产出 Lyocell 纤维;

1980 年,Akzo 公司首先申请了 Lyocell 纤维的工艺与产品专利;

1994 年,Akzo 公司与 Nobel 公司合并,成立 Akzo Nobel 公司;

1998 年,收购英国 Courtaulds 公司 65% 的股份,成立 Acordis(阿考迪斯),成为最大的纤维素生产商;

1999 年,Acordis 将纤维业务出售给 CVC Capital 集团属下的荷兰公司 Partners Corsadi BV,运营所有 Lyocell 生产与销售。

(2) 英国 Courtaulds 公司:该公司是最早开发 Lyocell 纤维的生产厂家之一,1984 年在 Grimsby 建成中试装置;

1987 年从 Akzo 公司购进 Lyocell 纤维生产的专利许可证；

1988 年建成 2 000 吨/年的半工业化装置；

1992 年 12 月 Courtaulds 公司在美国 Alabama 州的 Mobile 建成第一条 18 万吨/年的生产线；

1994 年正式投产；

1996 年 2 月投资 1.4 亿美元再建 2.5 万吨/年的第二条生产线，商品名为"Tencel®"，我国译为"天丝"；

1998 年 Courtaulds 公司再投资 1.2 亿英镑在英国 Grimsby 兴建 4.2 万吨/年的 Tencel 短纤维厂。

（3）奥地利 Lenzing 公司：Lenzing 公司是黏胶纤维的主要生产厂家之一，为克服黏胶生产对环境的污染，从 20 世纪 80 年代初期开始寻找新的溶剂；

1986 年从 Akzo 公司买下 5 项基本 NMMO 专利；

1990 年 8 月建成 Lenzing 试验工厂；

1997 年 7 月在 Heilingenkreuz 建成的 1.2 万吨/年的 Lyocell 短纤生产线投产，商品名为"Lenzing Lyocell®"；

1999 年 Lenzing 公司与 Akzo Nobel 公司合资，在德国 Obernburg 地区建立产能为 5 000 吨/年的 Lyocell 长丝工厂，所用生产工艺与 Acordis 公司相似，商品名为"Newcell®"；

2000 年 1—8 月在 Heilingenkreuz 的第一条生产线的产能扩大到 2 万吨/年，2004 年 2 月投资 3 600 万欧元的第二条 Lyocell 生产线正式投入运营，产能为 2 万吨/年；

2004 年 5 月 Lenzing 公司收购 Corsadi BV 属下的 Tencel 集团公司。Corsadi BV 是 Acordis 公司中四个业务部门的所有者，即 Tencel、Acetate Chemicals、Cordenka 与 Polyamide High Performance GrabH。自此，Lenzing 公司一统 Lyocell 纤维生产的天下。

（4）中国：中国于 20 世纪 90 年代开始对 Lyocell 生产技术的探索试验；

成都科技大学和宜宾化纤联合攻关纺丝工艺条件，获得阶段性成果；

台湾聚隆纤维股份有限公司于 1998 年在彰化建立了 50 吨/年的 Lyocell 生产试验线；

四川大学对 NMMO 合成及回收进行系统研究，于 1999 年建立 50 吨/年的 NMMO 生产装置；

20 世纪 90 年代后期东华大学与上海纺织控股（集团）公司联合研发 Lyocell 生产技术，年产 1 000 吨的 Lyocell 纤维生产装置于 2006 年底在上海里奥纤维企业发展有限公司投入运行，生产的 Lyocell 品牌为"Alicell"和"Kingcell"。

中国纺织科学研究院于 2005 年开始启动 Lyocell 纤维国产化工程技术的研究，制备了稳定合格的纺丝液，与河南新乡化纤股份有限公司合作开发"年产 1 000 吨新溶剂法纤维素纤维国产化生产线"项目；

2008 年福建宏远集团股份有限公司和中国科学院化学研究所等单位完成了"新溶剂法再生竹纤维纺织材料的研发"。

（5）其他国家：德国 Rudolstadt 地区的 Thuringian 纺织与塑料研究所（TITK）也研

究与制造 Lyocell 纤维,1998 年投产,以短纤为主,商品名为"Alceru®";韩国 Hanil 合成纤维公司开发的 Lyocell 纤维商品名为"Acell®";俄罗斯制造的 Lyocell 纤维商品名为"Orcel®";日本也有小批量生产。

1.1.2 天丝(Lyocell)纤维的生产

21 世纪纤维材料的研究开发,既要考虑石油资源的枯竭及其替代物的问题,又要考虑环保问题,重视生物可降解材料及绿色生产过程的开发。Lyocell 纤维就是在此背景下于 20 世纪 90 年代发展起来的一种新型的纤维素纤维,它和黏胶纤维的生产工艺流程如图 2-1 所示,二者的工艺比较如表 2-1 所示。

（a）天丝纤维

（b）黏胶纤维

图 2-1　天丝和黏胶纤维的生产工艺流程

表 2-1　黏胶和 NMMO 工艺生产的纤维素纤维工艺参数比较

参　数	数　值		参　数	数　值	
	黏胶工艺	NMMO 工艺		黏胶工艺	NMMO 工艺
纺丝液纤维素浓度/%	7.5～9.5	12.0～25.0	能耗/%	100	35～40
纤维成型需要时间/h	35～48	4～5	体系建设成本/%	30～35	100
工艺类型	间歇	连续	工艺特性	固定	弹性
纤维成型速率/m·min⁻¹	12～90	60～300	原材料和产品循环	开放	封闭
废料处理方式	废气、废液排出	无气体和液体	纤维性能	低品质	高品质

从图 2-1 所示流程和表 2-1 给出的数据,可以看出 NMMO 工艺具有以下特点:

(1) 生产流程短:制备 Lyocell 纤维时,是将纤维素浆粕直接溶解在有机溶剂 NMMO 和水的混合物中,经特殊纺丝后形成纤维素纤维,整个生产过程中没有化学反应,而且比传统的黏胶工艺少了碱化、老成、磺化和熟成等多道工序,生产流程大大缩短。

(2) 生产过程环保:Lyocell 纤维生产中的溶剂 N-甲基吗啉氧化物(NMMO)和水的混合体系,经严格的皮肤学与毒性检查表明,NMMO 毒性低于乙醇;按照 AEMS 标准对 NMMO 进行的生物诱变测试为阴性,也表明它在临床上无致异性。

Lyocell 纤维生产过程全封闭,能耗比黏胶纤维降低 60%～65%;和传统的纤维素纤维生产相比,少了许多道工序,原材料的消耗可大大减少,如表 2-2 所示。

表 2-2　Lyocell 和黏胶纤维生产所需主要原材料的消耗量（吨 /吨成品）

生产工艺	浆 粕	NaOH	H$_2$SO$_4$	CS$_2$	ZnSO$_4$	NMMO	H$_2$O
黏胶	1.06～1.12	0.62～0.85	0.95～1.12	0.11～0.40	0.05～0.13	—	300～450
Lyocell	1.05～1.10	—	—	—	—	0.05～0.08	100

（3）纺丝速度快：Lyocell 纤维的干湿法纺丝工艺和传统的纤维素纤维（如黏胶纤维）的湿法纺丝工艺明显不同，Lyocell 纤维的纺丝速度高，是黏胶的 5 倍。另外，Lyocell 纤维经成型过程中的喷丝头拉伸后无需再进行后道拉伸便可直接用于纺织后加工，该纤维的拉伸倍数一般就是指喷丝头拉伸倍数（即丝条卷取线速度对喷丝速度的比值）。在 Lyocell 纤维的生产中，喷丝头拉伸倍数、喷丝板构造（如喷丝孔的孔径及长径比）、气隙长度、纺丝速度、凝固浴浓度和温度等因素对 Lyocell 纤维的结构和性能有着重要的影响，如图 2-2 所示。在相同的凝固浴温度下，纤维的断裂强度和初始模量随着纺丝速度的提高而增加，而纤维的断裂伸长则随着纺丝速度的提高而减小；当纺丝速度不变时，纤维的断裂强度、初始模量随着凝固浴温度的提高而下降，而纤维的断裂伸长则随着凝固浴温度的提高而增大。

(a) 纺丝速度与纤维强度　　(b) 纺丝速度与纤维模量　　(c) 纺丝速度与断裂伸长率

图 2-2　纺丝速度与纤维性能

1.1.3　天丝（Lyocell）纤维的应用

（1）服装领域：Lyocell 纤维的问世为织物设计者和生产者提供了创造能力和发展能力新元素，为国际服装市场的"时装化、高档化、个性化"的潮流提供了可靠的面料保证。通过 Lyocell 纤维的一些重要特征的结合，可创造全新的织物。此外，各种后处理技术的组合可产生约 10 000 种不同的外观。其中，纯 Lyocell 织物有珍珠般的光泽、固有的流动感，使织物看上去舒适，并有良好的悬垂性。通过控制原纤化的生成，可赋予织物桃皮绒、砂洗、天鹅绒等多种表面效果，形成全新的美感，制成光学可变性的新潮产品。另外，Lyocell 纤维与丝、棉、麻、毛、合成纤维及黏胶纤维混纺，可制成各种风格的面料和绒线等，用于高级牛仔服、高级女式时装、高级女式内衣、高级男式衬衫、裙子、休闲服、运动衣、针织品（内衣和 T 恤衫）等多种服装。近年来，由 Lyocell 织物制成的服装在日本、西欧、美国等地日趋流行，销量不断增加。许多著名时装设计师开始选择 Lyocell 织物进行时装面料的设计并推出了时尚服饰。

（2）产业领域：由于 Lyocell 纱线具有强度高、断裂伸长率较低、吸附性良好、可生物降解、在水刺过程中易于原纤化等特点,在产业领域的应用前景也十分广阔,可在无纺布、工业丝、特种纸等方面得到广泛应用。例如,用针刺法、水缠结法、湿铺法、干铺法和热黏法加工各种性能的无纺布,其加工性能和产品性能均优于人造丝。此外,Lyocell 纤维在过滤材料、涂层盖布、香烟滤嘴、婴儿尿布、海绵、电工纸、塑料磁盘盒内衬、缝纫线、工作服、防护服、医用绷带、医用服装和工业揩布等方面均有许多潜在的用途。

1.2 天丝(Lyocell)纤维种类

1.2.1 第一代普通型 Lyocell

第一代普通型 Lyocell 包括长丝与短纤。Lyocell 长丝主要以 Akzo Nobel 公司的 Newcell® 为代表。Lyocell 短纤主要是奥地利兰精公司的 Tencel®,主要规格有:

(1) 标准型:1.3 dtex×38 mm;1.4 dtex×38 mm;1.7 dtex×38 mm;1.4 dtex×51 mm;2.2 dtex×50 mm。

(2) 填充型:2.3 dtex×15 mm;6.7 dtex×22 mm;6.7 dtex×32 mm;6.7 dtex×60 mm。

1.2.2 第二代非原纤化 Lyocell

普通型天丝纤维在机械外力的摩擦作用下,纤维会发生披裂现象,即原纤化,如图 2-3 所示。为克服 Lyocell 的原纤化现象,Acordis 公司与 Lenzing 公司分别研制了交联型,即非原纤化 Lyocell 纤维,如图 2-4 所示。Acordis 公司的商标名为"Tencel® A 100"和"Tencel® A 200",Lenzing 公司的商标名为"Lenzing Lyocell® LF"。

图 2-3 原纤化天丝　　　　图 2-4 非原纤化天丝

兰精公司生产的非原纤化 Lyocell 的主要规格有:1.4 dtex×38 mm;3.0 dtex×75 mm;3.0 dtex×98 mm。

1.2.3 第三代差别化 Lyocell

基于 Lyocell LF 纤维技术,Lenzing 公司开发了超细型 Lyocell 纤维——Micro Lyocell®,规格为 0.9 dtex×34 mm,主要用于针织内衣与女士外衣面料,产量较小。

在纺丝液中添加不低于 20% 的炭黑或 3% 的碳纳米管,可以制取 Lyocell 导电纤维;添加软性或硬性电磁材料,可以制得 Lyocell 电磁纤维;添加极细的 TiO_2、ZnO 或 $BaSO_4$ 粉末,制得的 Lyocell 纤维具有 UV 散逸性能;添加硫酸钡可以赋予 Lyocell 纤维 X-射线散逸功能。

德国 Thuringian 纺织与塑料研究所开发的抗霉菌 Lyocell 纤维的商品名称为"Alcem-Sliver",已投放市场。

韩国晓星公司开发的 Lyocell 产业用长丝,有 1 668 dtex/1 000 F 和 2 220 dtex/1 000 F 两种规格,强度为 6.4 cN/dtex,具有很好的橡胶亲合力和较低的热收缩性能。

兰精公司开发了 Lyocell 纺黏非织造布新工艺,使用 NMMO 溶剂配置纤维素纺丝液,采用直接纺丝工艺制得纤维素纺黏非织造布产品,目前实验还在进行中。

德国 Fraunhofer 应用聚合物研究所与莱芬豪森公司合作,完成了 Lyocell 熔喷法非织造布工艺试验,即利用 IAP 研究所的 Lyocell 试验没备,以 NMMO 为溶剂配置纺丝液,在幅宽 600 mm 的 Reicofil 试验设备上制得 $10\sim200$ g/m^2 的纤维素熔喷法非织造产品,纤维网单丝细度小于 1 dtex,产品密度为 $0.1\sim1.0$ g/cm^3。

1.2.4 第四代纳米 Lyocell

纳米技术在纺织品上的应用已近 10 年,主要用于扁平纺织品的表面改性。在纳米纤维制备工艺中,静电纺是纤维素纤维成型中值得重视的一种方法。然而,从 NMMO 溶液中纺制纤维素纳米纤维有相当大的难度,其工艺比由热塑性聚合物纺制纤维更复杂。

波兰 Lodz 技术大学关于纤维素纳米纤维的研究已进行多年,即采用静电纺丝工艺,纤维素纳米纤维网在凝固浴槽内的接收装置上形成。

纳米纤维改性是纳米纤维技术的新发展,纤维素改性纳米纤维被业内人誉为第四代 Lyocell 纤维。Lodz 技术大学在 Lyocell 纳米纤维试验的基础上,同时对纤维素改性纳米纤维进行了较为系统的研究,在纳米 Lyocell 纤维中使用添加剂,使纤维具有导电性和介质敏感性。

1.3 天丝(Lyocell)纤维结构特征

(1) 形态结构:Lyocell 纤维和黏胶纤维的截面形态如图 2-5 所示,天丝纤维的截面形态为圆形,与普通黏胶及其他再生纤维素纤维锯齿形的截面形态,有较为明显的区别。尽管强力黏胶纤维的结构均匀性已较普通的黏胶纤维有所改善,但其截面仍然不圆整,大多呈蚕豆形,且存在皮芯结构,其表面仍显得比较粗糙而且有明显的沟槽。Lyocell 纤维的截面基本为圆形,其结构均匀,无明显的皮芯结构,纤维表面也较光滑规整。

(a) 天丝   (b) 强力黏胶   (c) 麻材黏胶   (d) 普通黏胶

图 2-5 天丝和黏胶纤维的截面形态

（2）聚集态结构：众所周知，纤维素存在着纤维素Ⅰ和纤维素Ⅱ等多种结晶变体。通过对 Lyocell 纤维进行广角 X-射线衍射分析，发现 Lyocell 纤维具有纤维素Ⅱ结晶结构。表 2-3 是 Lyocell 纤维与普通黏胶纤维在聚集态结构上的对比结果。由该表可见，Lyocell 纤维的结晶度和取向度均比普通黏胶纤维高得多。

表 2-3　Lyocell 纤维和黏胶纤维的聚集态结构参数

结构参数	普通黏胶纤维	Lyocell 纤维
结晶度/%	30～35	45～65
晶区取向因子	0.70～0.85	0.90～0.94
无定形区取向因子	0.40～0.60	0.55～0.85

1.4　天丝(Lyocell)纤维性能

1.4.1　机械性能

Lyocell 纤维与其他纤维的机械性能见表 2-4。Lyocell 纤维的干湿强度与涤纶相当而远高于棉和普通的黏胶纤维，尤其是其湿强仅比干强低 15%，是再生纤维素纤维中第一个湿强超过棉纤维干强的品种，这使它能用多种纺纱方法纺制成高强度的纱线，并适合纺制细支纱，从而织造薄型织物，且湿态时的高强度使之可经受高速生产工艺，大大提高了织造效率。Lyocell 纤维的应力—应变特点还使它与其他天然纤维和合成纤维间的抱合力大，易与这些纤维以任意比例混纺，从而改善织物的物理机械性能、外观效果及手感，而且在整个混纺比范围内，纱线的强度高，能经受剧烈的机械和化学处理，并能用生物酶处理，可制成各种风格和各种手感的服装面料。

表 2-4　Lyocell 纤维与其他纤维的机械性能

指标	Acordis Tencel®	原纤化 Tencel® A100	Lenzing Lyocell®	黏胶纤维	高湿模量黏胶纤维	棉纤维	涤纶纤维
线密度/dtex	1.67	1.67	1.67	1.67	1.67	—	1.67
干态强度/cN·dtex^{-1}	4.2～4.4	3.8～4.0	4.0～4.5	2.3～2.7	3.4～3.6	2.1～2.6	4.2～5.3
干态伸长率/%	14～16	11～16	11～13	20～25	13～15	7～9	25～30
湿态强度/cN·dtex^{-1}	3.7～4.1	2.6～3.2	3.7～4.1	1.0～1.5	1.9～2.1	2.7～3.0	4.2～5.3
湿态伸长率/%	16～18	10～14	13～15	25～30	13～15	12～14	25～30

但 Lyocell 的湿态强度受 pH 值的影响较为显著，在染整加工的高温、高湿和不同酸碱度作用下可能出现显著降低，使其成品强度往往不如相同混比下的棉织物。

1.4.2　吸湿性能

（1）标准大气条件下的回潮率：Lyocell 纤维在标准大气条件下的平衡回潮率为 10.5%，黏胶纤维为 11.1%。Lyocell 纤维的吸湿性稍小，因为它有更高的结晶度、更小的比表面积和更致密的结构。

（2）Lyocell 纤维的湿膨胀率：Lyocell 纤维、黏胶纤维和棉纤维的水湿膨胀性能如表

2-5 所示。Lyocell 纤维表现出极高的横向湿膨胀率,而纵向的湿膨胀率极小,纤维的各向异性特征更为明显,由此验证了 Lyocell 纤维的取向度高于其他纤维素纤维。

表 2-5　纤维素纤维在水湿润条件下的膨胀率

方　　向	Lyocell 纤维	黏胶纤维	细绒棉
横向/%	40.00	31.00	8.00
纵向/%	0.03	2.60	0.60

Lyocell 纤维在干态、湿态和 NaOH、H_2SO_4 水溶液浸渍膨胀后的直径膨胀率如表 2-6 所示。它在 NaOH 水溶液溶胀后的直径膨胀率远大于 H_2SO_4 水溶液浸渍膨胀和水湿膨胀;NaOH 水溶液的浓度并不与 Lyocell 纤维的直径膨胀率成正比,在某一适当的浓度下呈现最大的直径膨胀率。

表 2-6　Lyocell 纤维的直径膨胀率

指　　标	处理条件							
	干态	H_2O 浸泡数秒	NaOH 浸泡数秒				H_2SO_4 浸泡数秒	
			1.0%	5.0%	11.0%	15.0%	0.1	1.0
平均直径/μm	9.6	12.4	14.4	16.9	33.9	23.7	14.0	14.0
直径膨胀率/%	0.0	29.2	50.0	76.0	235.1	146.9	46.0	47.0

1.4.3　原纤化特性

容易原纤化是普通 Lyocell 纤维的特性之一,原纤化是指纤维表面分裂出细小的微纤维(直径为 1~4 μm)。一般来讲,第一次原纤化时,产生出来的原纤都比较长,通常为 1 mm,甚至更长,并能缠结成球,如果不处理掉,则会影响穿着和观感。Lyocell 纤维在纺丝过程中纤维素原有的晶体结构未遭到破坏,纺丝后形成含原纤明显的超分子结构,有较高的结晶度和取向度,纤维在湿态下或有机械作用时会产生原纤化。纤维多孔部分的水的溶胀拆散了连接结晶单元的氢键,减弱了纤维微原纤之间的结合力,而机械作用加速了纤维微原纤之间的剥离,容易在纤维表面形成原纤。

　(a)原纤化前纤维　　　　(b)原纤化后纤维　　　　(c)原纤化前织物　　　　(d)原纤化后织物

图 2-6　Lyocell 纤维的原纤化

表征原纤化的程度用原纤化指数 F. I.(即 Fibrillation Index),一般分为 0~10 级,级数越高,说明原纤化程度越厉害,图 2-7 为原纤化程度 2~5 级的纤维形态。通常,原纤化程度>2 时,则织物的外观不美观。

(a) 2级　　　　　　　(b) 3级　　　　　　　(c) 4级　　　　　　　(d) 5级

图 2-7　天丝的原纤化级别

原纤化具有双重效应。不均匀的局部原纤化会形成产品外观不均匀,导致品质差异、色相差异以及棉粒疵点等。均匀的原纤化可使织物呈绒面表观,成为桃皮绒风格的织物,也能使牛仔服更具自然感和陈旧感。利用原纤化的特性,还可制成非织造过滤材料和特种纸张。

2 莫代尔(Modal)纤维

2.1 莫代尔(Modal)的产业发展现状

莫代尔是一种新的高湿模量再生纤维素纤维,是以榉木为原料,先将其制成木浆,再通过专门的纺丝工艺加工成纤维。BISFA 和 ISO 2076 对莫代尔的定义为:莫代尔是一种独立的纤维品种,在特定条件下湿模量和纤维断裂强力达到其设定的最低值。

2.1.1 莫代尔(Modal)纤维的产业现状

莫代尔纤维是 20 世纪 80 年代兰精公司开发的新型再生纤维素纤维。由于价格高、性能没有被充分认识,一直没有形成批量生产。直到 20 世纪末,因人们对穿着舒适度要求的提高和莫代尔超柔软的特性,使莫代尔内衣成为时代的新宠。

目前世界公认的最著名的莫代尔纤维商标,是由奥地利兰精公司开发的"兰精莫代尔®"(Lenzing Modal®)。在长达数十年的时间里,兰精公司曾是唯一的莫代尔(Modal)纤维生产商。在开拓市场方面,兰精公司一直扮演着决定性的角色。"兰精莫代尔®"与美国杜邦公司生产的"莱卡®"(Lycra®)一样,成为这一类产品属名的代名词。

兰精莫代尔®纤维品种有两类 6 种:

无卷曲纤维 2 种:(1) 1.33 dtex×38 mm;

　　　　　　　　(2) 1.70 dtex×38 mm。

有卷曲纤维 4 种:(1) 1.33 dtex×38 mm,有光;

　　　　　　　　(2) 1.70 dtex×38 mm ,有光;

　　　　　　　　(3) 3.3 dtex×100 mm,有光、半光、无光;

　　　　　　　　(4) 0.5 dtex×100 mm,有光、半光、无光。

兰精公司的科研团队坚持创新和不断研发,新开发超细旦纤维®(MicroModal®和 MicroModal® AIR)、兰精莫代尔®＋天丝®组合纤维(ProModal®)两个品种。

MicroModal® AIR 纤维的细度仅有 0.8 dtex,即 10 000 m 长度的质量仅 0.8 g,织物每平方米的质量可以在 100 g 以下。

ProModal®是兰精莫代尔®(Lenzing Modal®)与天丝®(Tencel®)纤维的创新组合,其结构模型如图 2-8 所示。ProModal®兼具莫代尔的柔软舒适性与天丝的高度功能性,其性能特点如表 2-7 所示。ProModal®中的天丝®纤维是为此而特别研发的,混合比例经过特殊设计,混合设备经过特别调校,使 ProModal®的混合比例更精确、更均匀,保证两种纤维能更协调地混合。兰精公司是唯一同时生产兰精莫代尔®(Lenzing Modal®)与天丝®(Tencel®)纤维的生产商,所以兰精公司也是唯一能够生产这种混合纤维的公司。

图 2-8 ProModal®结构模型

表 2-7 ProModal®纤维优势一览表

• 天然的柔软剂	• 卓越的温湿度调节功能
• 经多次洗涤仍然保持恒久柔软	• 光滑的结构避免肌肤刺激
• 能够与棉染出一致的色彩 $+$	• 降低细菌的繁殖力
• 色彩鲜艳	• 高强度纤维

2.1.2 莫代尔(Modal)的应用

(1)家纺领域:莫代尔(Modal)纤维具有超柔软的触感、优良的吸湿性和较高的湿态强力,是制作毛巾、浴巾、床单类纺织品的最佳材料。

(2)服装领域:机织时装面料,利用纤维初始模量较高、耐磨性好、色泽亮丽的特点,开发挺括、悬垂性好的织物;针织内衣面料,莫代尔绝佳的柔软舒适性和竹浆纤维的天然抗菌性、吸湿性、透气性,是针织内衣面料的首选原料。

2.2 莫代尔(Modal)结构特征

莫代尔与竹浆纤维的形态结构如图 2-9 所示,两者形态相近,这使两种纤维鉴别成为难点。莫代尔、竹浆纤维的截面形态与黏胶一样,均为锯齿形皮芯结构,但具体形态有所区别,莫代尔纤维截面形态更接近梅花形;纵面形态均呈现出构槽特征,这和普通黏胶纤维也一样。

（a）莫代尔纤维截面　　　（b）竹浆纤维截面　　　（c）莫代尔纤维纵面　　　（d）竹浆纤维纵面

图 2-9　莫代尔和竹浆纤维的形态特征

2.3　兰精莫代尔®（Lenzing Modal®）纤维的特点

2.3.1　持久的色彩和柔软保持性

　　与其他纤维比较，兰精莫代尔®（Lenzing Modal®）纤维更能保持色彩光鲜、亮丽，即使在洗涤 25 次以后，色彩依旧亮丽如新，而且不会出现如纯棉织物洗涤后泛灰的现象，如图 2-10 所示。兰精莫代尔®与棉混纺，更有助于保持色彩不变。兰精莫代尔纤维被称为"自有纺织品以来最柔软的纤维"，软滑如羽毛，是纤维材料中"天然的柔软剂"，即使经多次洗涤，纤维仍能保持良好的柔软舒适感。一般棉织物多次洗涤后出现"僵硬"状态，是由于洗衣粉中的石灰岩成分沉积在棉纤维表面而形成的，如图 2-11 所示。反之，莫代尔纤维表面比较光滑，洗衣粉中的石灰岩成分不容易残留在织物上。

（a）棉织物　　　　　　　　　　　　　　　　　（b）莫代尔织物

图 2-10　洗涤前后棉与莫代尔织物的色彩变化

图 2-11　洗涤后硬化的棉织物

2.3.2　优异的混纺特性

莫代尔纤维细度均匀的特性,使棉/莫代尔混纺纱较纯棉纱的条干更好,如图 2-12 所示。莫代尔与棉纤维的性能和截面都比较相似,特别在染色方面,由于莫代尔纤维较其他再生纤维素纤维和棉纤维有更接近的上染率,如图 2-13 所示,因此混纺后能染出平均的同色效果。这是其他纤维素纤维无法媲美的。利用这一特性,可使莫代尔与棉交织的纺织品产生独特的双色效果,如图 2-14 所示。此外,使用兰精莫代尔纤维的织物可以轻松地进行丝光处理,使莫代尔纤维成为棉混纺的最佳"搭档"。

（a）纯棉纱　　　　　　　　　（b）棉/莫代尔混纺纱

图 2-12　纯棉纱与棉/莫代尔混纺纱的条干比较

（a）黏胶织物　　　　　　　（b）棉织物　　　　　　　（c）莫代尔织物

图 2-13　莫代尔与棉织物的上染率比较

图 2-14　莫代尔/棉交织染色织物

2.3.3　合格的强度和模量

兰精莫代尔®能达到欧洲纺织标签法(European Textile Labelling Act)对莫代尔纤维所设下的定义及所有参数标准,使兰精莫代尔®被称为唯一真正的莫代尔纤维。

兰精莫代尔纤维的强度和湿模量(5％伸长)如图 2-15 和图 2-16 所示,其强度和模量远大于普通的黏胶纤维,均达到 BISFA 对莫代尔所下定义中的强度和湿模量要求。

图 2-15　兰精莫代尔纤维的强度

图 2-16　兰精莫代尔纤维的模量

3　竹浆纤维

3.1　竹浆纤维的产业发展现状

3.1.1　竹浆纤维的研发

竹浆纤维是以 3～4 年生的健壮挺拔的优质青竹为原料,经高温蒸煮成竹浆,提取纤维素,再经制胶、纺丝等工序而制成的再生纤维素纤维,纺丝方法与普通黏胶纤维基本相同。因此,竹浆纤维的细度和白度与普通黏胶纤维接近,又被称为竹材黏胶纤维。

我国纺织用竹纤维的发展世界领先,保持平均每年 30％ 的增长速度。河南新乡化纤公司在 20 世纪末自主研发了竹浆黏胶长丝的制造工艺,获得国家发明专利(CN 03126317.8);河北吉藁化纤有限责任公司于 2002 年获得了发明专利(ZL 00135021.8),成品已投放市场,年生产能力为 2 万吨,2010 年的天竹产能达 3.6 万吨。由河北吉藁化纤有限责任公司牵头,与河北天纶纺织股份有限公司等 70 余家企业,组成了天竹产业联盟,将竹浆黏胶纤维的原料生产、纺纱、织布、成衣制造以及市场销售等上、中、下游产业链的各个环节有机结合,并实行产品吊牌制,以保证产品质量,促进了该产业的快速发展。部分竹浆黏胶纤维纺织品还出口到日本、欧美国家。另外,在现有的基础上,相关科研院所和企业联合攻关,正在不断改进生产工艺,使其能够生产出湿强度高、质量更加稳定的竹浆黏胶纤维产品。

天竹®纤维的产品种类有棉型、中长型、毛型三种,如表 2-8 所示,其规格如表 2-9 所示,也可根据纺纱要求生产特殊规格的产品。

表 2-8 天竹®纤维分类和命名

序 号	分 类	产 品 命 名
1	1.11~2.22 dtex	棉型竹材黏胶短纤维
2	2.22~3.33 dtex	中长型竹材黏胶短纤维
3	3.33~5.56 dtex	毛型竹材黏胶短纤维
4	3.33~5.56 dtex 并经过卷曲加工	卷曲毛型竹材黏胶短纤维

表 2-9 天竹®纤维规格

线密度/dtex	长度/mm	线密度/dtex	长度/mm
1.11	38	2.78	51
1.33	38		62
1.56	38		64
1.67	38	3.33	76
	51		86
2.22	45		94
	51	5.56	102

中纺云竹®纤维生产规格如表 2-10 所示。

表 2-10 中纺云竹®纤维规格

品 种	细度/长度	品 种	原 料	细 度
竹纤维	1.2 D(1.33 dtex)×38 mm	纯竹纤维纱	100%云竹	21ˢ(277.67 dtex)
	1.4 D(1.56 dtex)×38 mm		100%云竹	32ˢ(182.22 dtex)
	1.5 D(1.67 dtex)×51 mm		100%云竹	40ˢ(145.78 dtex)
	3.0 D(3.33 dtcx)×76 mm		100%云竹	其他细度接受定纺
	3.0 D(3.33 dtex)×88 mm	竹纤维混纺纱	云竹/棉	接受定纺
	3.0 D(3.33 dtex)×102 mm		云竹/天丝	接受定纺
	5.0 D(5.56 dtex)×89 mm		云竹/莫代尔	接受定纺
	5.0 D(5.56 dtex)×102 mm		云竹/羊毛	接受定纺
云竹纤维毛条	3.0 D(3.33 dtex)×88 mm		云竹/其他纤维	接受定纺

2005 年新乡白鹭化纤集团自主研制成功国家级重点新产品"竹浆黏胶长丝",并获得国家专利。

2010 年 11 月吉林化纤股份有限公司推出了 30~600 D(3.33~66.67 tex)天竹长丝,如图 2-17 所示,用于开发高档 T 恤、高档里布、高档运动装、睡衣、内衣花边、乔绒、高档床品、毛巾、浴巾等。

生产竹浆纤维所用的原料——竹子具有生长周期短、可持续利用的生态环保性,但生产过程与黏胶纤维一样,

图 2-17 竹浆黏胶长丝

对环境污染严重,这成为竹浆纤维开发的一个瓶颈。用 Lyocell 绿色生产工艺生产"竹材 Lyocell"纤维,成为竹浆纤维研发的一个方向。2008 年底,上海里奥开始研发竹材 Lyocell 纤维,于 2009 年 6 月试纺成功,达到批量化生产,并注册了莱竹®商标,2009 年 10 月申请了"溶剂法高湿模量竹纤维及其制备方法"的专利。

3.1.2　竹浆纤维的应用

竹浆纤维可以纯纺,也可以与棉、麻、绢、毛、天丝、Modal、涤纶等其他原料混纺,织制机织物、针织物和无纺布,用于卫生材料用品、内衣、袜子、服装、装饰。

(1)家纺领域:竹浆纤维触感柔软,吸湿性好,是制作毛巾、浴巾等浴室用品和床单类纺织品的最佳材料,如图 2-18 所示。尤其是竹浆纤维具有一定的抗菌性,保证了毛巾、床单类家纺产品的清洁与安全。

图 2-18　竹浆纤维产品

(2)服装领域:机织时装面料,利用纤维初始模量较高、耐磨性好、色泽亮丽的特点,开发挺括、悬垂性好的织物;针织内衣面料,竹浆纤维的天然抗菌性、吸湿性、透气性,是针织内衣面料的首选原料。

3.2　竹浆纤维结构特征

(1)形态结构:竹浆纤维纵向表面光滑、均一,呈多条较浅的沟槽;横截面边沿是不规则锯齿形,内有很多大小不等的小孔洞,如图 2-19 所示。

竹浆纤维的截面形态不受纺纱外力、染色情况的影响,与黏胶纤维相比具有独特的横截面结构,可作为黏胶纤维和竹浆纤维鉴别的一种方法。各类黏胶纤维的横截面形状比较相似,皮芯层结构比较均一,横截面比较平整,不是孔隙结构。图 2-20 所示为不同生产厂家的黏胶纤维

图 2-19　竹浆纤维截面(5 000)

(a)三友黏胶　　　　(b)兰精黏胶　　　　(c)吉化黏胶　　　　(d)海龙黏胶

图 2-20　不同生产厂家的黏胶纤维截面形态

截面形态,形态特征基本相同;图 2-21 为不同线密度和内衣中取得的竹浆纤维的截面形态图,其形态亦基本相同。竹浆纤维的皮芯结构较黏胶更为明显,而锯齿特征不及黏胶纤维。

(a) 0.89 dtex　　　　(b) 1.56 dtex　　　　(c) 3.33 dtex　　　(d) 内衣中取得的竹浆纤维

图 2-21　竹浆纤维的截面形态

(2) 聚合度和结晶度:竹浆纤维的生产与黏胶纤维一样,是将纤维素经烧碱、二硫化碳处理后,制备成黏稠的纺丝溶液,再采用湿法纺丝制成纤维,故其聚合度比天然纤维素纤维小一个数量级。表 2-11 是不同商标的竹浆黏胶纤维与普通黏胶纤维用黏度法测得的聚合度。结果表明几种黏胶纤维的聚合度比较接近,相比而言,普通黏胶的聚合度最小,其次是吉藁竹浆,中纺"云竹"的聚合度最大。聚合度小,则末端羟基多。

表 2-11　竹浆纤维和黏胶纤维的聚合度和结晶度

结构参数	普通黏胶纤维	吉藁天竹®纤维	中纺云竹®纤维
聚合度	250	330	380
结晶度/%	47	45	47

用 X 射线衍射法测定纤维的结晶度,结果如表 2-11 所示,竹浆黏胶和普通黏胶的结晶度相差也不大。

3.3　竹浆纤维性能

3.3.1　物理和机械性能

(1) 密度:竹浆纤维的密度为 $1.45 \sim 1.50$ g/cm³(采用不同测试方法,结果略有差异),较普通黏胶和棉等天然纤维素纤维小,分析原因是竹浆纤维的横截面上布满了大大小小的孔洞且边缘有裂纹。

(2) 强伸度:对竹浆、Modal 等类似的再生纤维素纤维,用 YG(B)003A 电子式单纤维强力仪进行强伸度测试,测试条件为:试样数 50,试样长度 10 mm,大气条件 $t = 20℃$、$R.H. = 80\%$,拉伸速度 2 mm/min。测得的纤维强伸度及其他机械性能如表 2-12 所示。

表 2-12　竹浆纤维的强伸度

纤维种类	纤维细度/tex	强度/cN·dtex⁻¹		伸长率/%		断裂功/N·mm		初始模量/cN·dtex⁻¹	
		干态	湿态	干态	湿态	干态	湿态	干态	湿态
竹浆	1.67	1.93	1.77	12.38	8.45	5.55	3.59	19.9	16.2
Modal	1.67	1.99	1.67	9.72	9.47	3.58	3.20	19.9	16.7
Tencel	1.67	2.86	2.52	11.32	10.08	7.23	6.02	21.2	17.6
黏胶	2.78	1.69	1.21	16.32	14.30	8.11	5.98	15.9	12.0

　　竹浆、Modal、Tencel 纤维与黏胶纤维相比,湿强较干强有很大提高。竹浆纤维的干、湿态伸长率、断裂功相差较大,但断裂功值较大;Modal 纤维的干、湿态伸长率和断裂功较接近,但均较小;黏胶纤维的断裂功介于竹浆与 Modal 之间;Tencel 纤维的强度及断裂功较大,干强与涤纶纤维相近,远远超过其他纤维素纤维。

　　(3) 摩擦性能:在温度 21℃、相对湿度 62% 的大气条件和摩擦辊转速 30 r/min 的测试条件下,测定竹浆与圣麻纤维的静、动摩擦系数,如表 2-13 所示。竹浆纤维间的静、动摩擦系数的差值小于圣麻纤维,说明纤维表面比较光滑,抱合力小;而竹浆纤维与皮辊间的静、动摩擦系数及差值均大于圣麻纤维;竹浆纤维与金属辊间的静、动摩擦系数较大,但两者差值较小。纺织生产过程中可以考虑配置不同材料的导纱件,以改善竹浆纤维和圣麻纤维的摩擦性能。

表 2-13　竹浆纤维的摩擦性能

纤维	纤维与纤维			纤维与皮辊			纤维与金属		
	静 μ_s	动 μ_d	$\Delta\mu$	静 μ_s	动 μ_d	$\Delta\mu$	静 μ_s	动 μ_d	$\Delta\mu$
竹浆	0.196 2	0.173 4	0.022 8	0.558 5	0.441 3	0.117 2	0.308 0	0.379 1	−0.071 1
圣麻	0.192 0	0.141 0	0.051 0	0.176 0	0.151 0	0.025 0	0.162 0	0.136 0	0.026 0

注:数据来源于《纺织科技进展》2010 年第 3 期《圣麻纤维与竹浆纤维的鉴别及性能测试与比较》。

3.3.2　吸湿性能

　　在标准大气条件下测得的黏胶纤维和竹浆纤维的回潮率如表 2-14 所示。

表 2-14　竹浆纤维和黏胶纤维在标准温湿度下的回潮率

纤　维	普通黏胶纤维	印度黏胶	吉藁天竹®纤维	中纺云竹®纤维
回潮率/%	11.08	10.80	12.62	10.85

注:数据来源于《广西纺织科技》2007 年第 4 期《竹浆纤维与普通黏胶的性能比较》。

　　吉藁"天竹"的回潮率大于普通黏胶,因为其结晶度小,且纤维中缝隙孔洞较多,比表面积大。中纺"云竹"的吸湿性小于普通黏胶,可能是因为"云竹"的聚合度和结晶度都较大,纤维的亲水基团比普通黏胶少。

　　在 20℃ 和相对湿度 95% 的大气条件下,竹浆纤维的回潮率可达到 45%,黏胶纤维为 30%。竹浆的吸湿速度特别快,回潮率从 9% 上升到 45%,仅需 6 h。而黏胶纤维的回潮率从 9% 上升到 30%,需用 8 h 以上。

3.3.3　耐热性

　　普通黏胶纤维的耐热性好于棉花,而天竹纤维又优于普通黏胶纤维。天竹纤维的强度随温度的变化见表 2-15。从表中数据可以看出,当温度由 20℃ 升至 75℃ 时,棉纤维的干断裂强度下降 26%,黏胶纤维的干断裂强度增加 12%,竹浆纤维的干断裂强度增加 13%,说明在 75℃ 以下时黏胶纤维和竹浆纤维的强度变化相同;当温度由 75℃ 升至 100℃ 时,棉纤维的干断裂强度下降 7%,黏胶纤维下降 16%,而竹浆纤维只下降 1%,其原因在于:①纤维素中的水分消失而引起强度的改变,②大分子间各链节的热运动加剧而引起强度的降低,③天竹纤维的多孔隙网状结构对热量传导有缓冲作用。

表 2-15　竹浆纤维升温时的干态断裂强度

纤维名称	干断裂强度/cN·dtex^{-1}					
	20℃	50℃	75℃	100℃	120℃	130℃
棉纤维	3.80	3.05	2.83	2.63	—	—
普通黏胶纤维	2.27	2.39	2.55	2.14	—	—
天竹纤维	2.23	2.30	2.51	2.49	2.35	2.19

注：数据来源于《针织工业》2005 年第 2 期《天竹纤维的性能及其鉴别方法》。

第二节　再生蛋白质纤维
——牛奶纤维、大豆纤维

1　牛奶纤维

1.1　牛奶蛋白纤维的研究与产业发展现状

牛奶蛋白纤维以牛奶作为基本原料,经过脱水、脱油、脱脂、分离、提纯,使之成为一种具有线型大分子结构的乳酪蛋白;再采用高科技手段与聚丙烯腈或聚乙烯醇等高聚物进行共混、交联、接枝或醛化,制备成纺丝原液;最后通过湿法纺丝成纤、固化、牵伸、干燥、卷曲、定形、短纤维切断(长丝卷绕)而成。它是一种有别于天然纤维、再生纤维和合成纤维的新型动物蛋白纤维,又称之为"半合成再生蛋白质纤维"。

1.1.1　牛奶蛋白纤维的研发历程

牛奶蛋白纤维的研究与发展,源自 1935 年意大利 SNIA 公司和英国 Coutaulds 公司分别从牛奶乳酪中提炼出"Lanital""Merinova"纯蛋白纤维,但成本高,没有使用价值。1956 年,日本东洋纺公司发明了用牛乳蛋白溶液与丙烯腈聚合物共混、共聚、接枝的方法,开发了类似于真丝结构的新型牛奶长丝,并于 1969 年实现工业化生产,商品名为"Chinon",产品定位是手术缝合线,目前已经停产。

我国从 20 世纪 60 年代开始研究牛奶纤维,如上海合成纤维研究所、中国纺织大学(现东华大学)与三枪集团、上海金山石化、黑龙江蛋白纤维研究所、山西碳纤维厂等,都在这方面有所努力。当时,对蛋白质接枝共聚的各项研究工作是出于对合成纤维的改性和废料的综合利用,希望制取一种手感和性能都优于合成纤维的仿真丝纤维。由于制造纤维的工艺流程复杂,技术条件有限,加之国家食品供应紧缺,不可能采用牛乳作为蛋白质纤维的原材料,所以再生制造纤维被淡化。

直到 20 世纪 90 年代,化学纤维向着差别化、个性化、多元化和功能化方向发展,牛奶蛋白纤维迎来了产业化研发机遇。最早投入工业化生产的是上海正家牛奶丝科技有限公司,从 2004 年下半年正式开始市场推广,并利用超细喷孔开发出 0.89 dtex(0.8 D)

以下的牛奶超细纤维。目前,正在积极开发仿羊绒技术,将两种不同缩率的纺丝原液经由同一喷孔纺出的牛奶复合纤维,烘干后自动卷曲,并通过调节这两种组分的比例,使纤维的卷曲度最接近羊毛。

山西恒天纺织新纤维科技有限公司从 2000 年开始对酪素类纤维进行研究,恒天牛奶蛋白纤维是其自主研发、拥有两项国家发明专利和独立知识产权的纺织新纤维,并于2004 年 4 月获得 Oeko-Tex Standard 100 认证。在牛奶纤维生产的基础上,先后开发出毛型、棉型、绒型几大系列产品和纳米牛奶纤维、负离子牛奶纤维等多功能纤维。

嫩江华强蛋白纤维有限责任公司生产的牛奶蛋白纤维是以牛奶蛋白质为原料,采用高科技手段和专用化学助剂使其降解改性,再与高聚物共混、共聚制成纺丝原液,经湿法纺丝工艺制成的牛奶蛋白短纤维,于 2003 年 12 月获国家发明专利。嫩江华强蛋白纤维具有咖啡、驼色和米色等多种天然颜色。

1.1.2 牛奶蛋白纤维的生产

牛奶蛋白短纤维的生产基本流程如图 2-22 所示。纺丝液的制备方法一般有三种:①共混法,牛奶乳酪和聚丙烯腈共混;②接枝共聚法,牛奶乳酪和丙烯腈在体系中催化形成接枝共聚物;③交联法,牛奶乳酪和丙烯腈或聚乙烯醇中加入交联剂进行交联反应形成聚合物。

图 2-22　牛奶蛋白纤维生产流程

1.1.3 牛奶蛋白纤维的应用

牛奶蛋白纤维具有天然蛋白纤维蚕丝的光泽和亲肤性、羊绒的手感和保暖性及合纤的易护理性,因此其产品大多应用于与皮肤直接接触的服用材料。各种形式的牛奶蛋白纤维产品如图 2-23 所示。

(a) 纤维　　　　(b) 纱线　　　　(c) 面料　　　　(d) 服装

图 2-23　牛奶蛋白纤维产品

(1) 纤维:牛奶蛋白纤维可作为被褥的填充材料。

(2) 纱线:牛奶蛋白纤维纱主要有短纤纯纺纱线和牛奶/羊毛、牛奶/羊绒、牛奶/真丝、牛奶/天丝等混纺或合股纱线及牛奶/氨纶包芯纱、牛奶蛋白纤维长丝纱。

(3) 面料:目前牛奶蛋白纤维面料市场主要有 Pw、Lm、Sm 和 Am 四大系列产品。

其中,Pw 和 Lm 系列是以 100%牛奶蛋白纤维织造的针织平针面料、抽条平针面料,适合制作男女 T恤、内衣等休闲家居服装。由牛奶蛋白纤维和真丝交织而成的 Sm 系列种类繁多,包括牛奶蛋白纤维真丝缎、牛奶蛋白纤维真丝纺、牛奶蛋白纤维真丝绢、牛奶蛋白纤维真丝绉。Sm 系列面料集牛奶蛋白纤维和真丝的优点于一身,既有牛奶丝纤维轻盈、滑爽、悬垂性好的特性,又具有真丝柔中带韧、光洁艳丽的风格,是纺织界独创的新颖面料。其织物色彩鲜艳,风格独特,具有顺滑柔软的手感,穿着舒适,特别适宜制作唐装、旗袍、晚礼服等高级服装。Am 系列是牛奶蛋白纤维中加入氨纶(莱卡)织造的弹力面料,适合制作针织运动上衣、韵律健身服和美体内衣。

(4)服装和日用品:①时装:柔和的光泽、轻盈的质地、柔软的手感,使得牛奶蛋白纤维成为制作高档针织套衫、T恤衫、女式衬衫、男女休闲服饰、牛仔裤、日本和服等外衣的理想材料,用牛奶蛋白纤维制成的时装雍容华贵,轻盈飘逸;②家居服:牛奶蛋白纤维的吸湿、导湿及保湿功能良好,可用于制作儿童服饰、女士衬衣、睡衣、T恤等,广泛应用于内衣和贴身衣物;③床品:牛奶蛋白纤维柔软、滑爽和较高的"睡眠舒适指数",特别适合用作床上用品;④日用品:牛奶蛋白纤维中含有 17 种对人体有益的氨基酸,并含有蛋白质天然保湿因子,能起到营养肌肤、保健肌肤的作用,是织制手帕、围巾、浴巾、毛巾、装饰线、绷带、纱布、领带、卫生巾、护垫、短袜、连裤袜等功能性产品的理想材料。

1.2　牛奶蛋白纤维种类

牛奶蛋白纤维按与其共混、交联、接枝的高聚物类型有腈纶基、维纶基和黏胶基三种。牛奶酪蛋白与聚丙烯腈共混、交联、接枝制得的纤维为牛奶蛋白改性聚丙烯腈纤维(腈纶基牛奶蛋白纤维);牛奶酪蛋白与聚乙烯醇共混、交联、接枝制得的纤维为牛奶蛋白改性聚乙烯醇纤维(维纶基牛奶蛋白纤维);牛奶酪蛋白与纤维素共混制得的纤维为牛奶蛋白改性纤维素纤维(黏胶基牛奶蛋白纤维)。

按长度分为短纤维和长丝两类。山西恒天和上海正家生产的短纤维品种规格分别如表2-16 和表 2-17 所示。

表 2-16　山西恒天牛奶蛋白纤维规格

品　　种	细度/D(dtex)	长度/mm
棉型、绒型	1.5(1.67)	38,47
毛型	2.5(2.78)	76,80~110(不等长)
毛型	3.0(3.33)	76,80~110(不等长)

表 2-17　上海正家牛奶蛋白纤维规格

品　　种	细度/D(dtex)	长度/mm
棉型	1.5(1.67)	任意,常规为 38
毛型	2.5(2.78)	任意,常规为 88
长丝	6.0(6.67)	无限

1.3 牛奶蛋白纤维结构特征

1.3.1 形态结构

腈纶基和维纶基牛奶蛋白纤维的形态结构如图 2-24 所示。腈纶基牛奶蛋白纤维的形态特征与相应纺丝方法的腈纶纤维相似,纵向有竖条纹,形成较浅的沟槽,表面组织不均匀,纤维有凹凸,横截面接近圆形或哑铃形;维纶基牛奶蛋白纤维纵向有一条较深的凹槽,表面有微小的凹坑,并呈现海岛状的凹凸,横截面近似腰圆形。

（a）腈纶基截面　　（b）腈纶基纵面　　（c）维纶基截面　　（d）维纶基纵面

图 2-24　牛奶蛋白纤维形态结构电镜图(5 000 倍)

牛奶蛋白纤维采用湿法纺丝,纤维横截面呈不规则的圆形或锯齿形或腰圆形,并且流体丝束固化时分子间交换、小分子溶剂溢出和水分子占位,使纤维大分子结构中存在更多的空穴和无定形区,纤维内布满了大大小小的空隙;纵向有许多不规则的沟槽,部分酪丝蛋白质覆盖在载体的表面。正是由于牛奶蛋白纤维这种特殊的形态结构,使它不仅具有天然纤维优良的吸湿性、透气性及合成纤维较好的导湿性、柔软性、滑糯性,而且具有染料、氧化剂、助剂等化工料容易进入、容易染色等优点;但是,也带来不耐酸碱、氧化剂和还原剂、沸水容易收缩、烘干和定形温度不能太高、极易产生色花和色差、织物尺寸不稳定等不足。

1.3.2 组分分布

国产牛奶蛋白纤维的主要组分:腈纶基牛奶蛋白纤维中,聚丙烯腈与牛奶酪蛋白的含量比为 68～74：32～26;维纶基牛奶蛋白纤维中,聚乙烯醇与牛奶酪蛋白的含量比为 69～73：31～27。牛奶蛋白纤维中的牛奶酪蛋白组分大部分分布在纤维的无定形区,使纤维在高温的水中易产生酪素蛋白的溶失。例如腈纶基牛奶蛋白纤维在 80℃ 的水中处理 80 min,纤维失重达 8%,经红外光谱分析得出:纤维的失重主要由牛奶纤维中酪素蛋白的溶失所致。

1.4 牛奶蛋白纤维性能

1.4.1 机械物理性能

腈纶基和维纶基牛奶蛋白纤维的物理机械性能如表 2-18 所示。可以看出,腈纶基牛奶蛋白纤维的强度优于维纶基牛奶蛋白纤维,而二者又分别低于腈纶、维纶纤维的强度;二者的湿态强度损失较少,约是干态强度的 80%。同时,两种牛奶蛋白纤维的初始模量适中,并且都大于腈纶和维纶的相应值。腈纶基牛奶蛋白纤维的变形大于维纶基牛奶蛋白纤维,与腈纶纤维的变形特性接近;而维纶基牛奶蛋白纤维较维纶纤维好。腈纶基和维纶基牛奶蛋白纤维的质量比电阻明显小于其相应基体纤维的比电阻,这主要得益于牛奶蛋白本身具有多种氨基酸和天然的保湿因子。维纶基和腈纶基牛奶蛋白纤维的摩擦系数较小,尤其是后者的摩擦系数更小($\leqslant 0.303$),这不仅有利于减少静电的产生,而且可提高纤维的可纺性,但须在纺纱时适当加入油剂,以增加纤维的抱合力。

表 2-18 牛奶蛋白纤维的物理机械性能

纤维种类	断裂强度 /cN·dtex^{-1}		伸长率/%		初始模量 /cN·dtex^{-1}	质量比电阻 /Ω·g·cm^{-2}	摩擦系数		纤维密度 /g·cm^{-3}
	干	湿	干	湿			干	湿	
腈纶基牛奶蛋白纤维	2.78	2.54	32.5	26.7	57.5	4.9×10^{10}	0.303	0.207	1.22
维纶基牛奶蛋白纤维	3.42	3.29	22.7	18.71	51.0	2.4×10^{10}	0.376	0.274	1.30
腈纶	3.25	2.95	37.5	42.5	38.5	5.5×10^{12}	—		1.14
维纶	4.85	3.70	19.0	19.0	42.0	3.7×10^{11}	—		1.26

注:表中大部分数据来源于《天津工业大学学报》2007 年 6 月《牛奶蛋白纤维的性能及其鉴别方法的探讨》。

1.4.2 吸湿性能

(1) 标准大气条件下的回潮率:牛奶纤维在标准大气条件下的平衡(吸湿)回潮率,腈纶基为 6%~7% ,维纶基为 8%~9%(同样测试方法,羊毛为 16%~17%)。

(2) 吸放湿等温线:牛奶蛋白纤维的吸放湿等温线如图 2-25 所示,它与羊毛纤维的吸放湿等温线非常相似。在吸湿等温线的初始阶段,牛奶蛋白纤维与羊毛纤维的吸湿速率较快,羊毛纤维的吸湿速率远大于牛奶蛋白纤维;大约 75 min 时,吸湿速率开始减缓;150 min 左右,两种纤维达到吸湿平衡状态。羊毛纤维的回潮率始终大于牛奶蛋白纤维。牛奶蛋白纤维与羊毛纤维达到放湿平衡的时间较长,大约需 400 min;两者的吸湿滞后值相近,达 2%~3%。

(a) 吸湿等温线 (b) 放湿等温线

图 2-25 牛奶蛋白纤维吸放湿等温线

1.4.3 化学性能

牛奶蛋白纤维由两类高聚物共混、共聚而成,共混、共聚的过程包括了复杂的物理化学变化,生成物的相态结构因组分浓度不同而不同,纤维的化学特性是高聚物各自特性和综合特性的组合。

腈纶基和维纶基牛奶蛋白纤维的化学性能如表 2-19 所示。聚乙烯醇的大分子主链上有大量仲羟基,其化学性质与纤维素有许多相似之处,不溶于 2.5% NaOH 溶液,而且氢氧化钠溶液可以作为聚乙烯醇纺丝的凝固液。维纶纤维在 88% HCOOH(甲酸)中溶胀并溶解,在浓硝酸中迅速溶解并释放出红棕色且有刺激性气味的 NO_2 气体,能够溶解于 75% H_2SO_4 和浓 H_2SO_4 中。

表 2-19　腈纶基和维纶基牛奶蛋白纤维的化学溶解性能

试　剂		溶解结果			
种类	浓度/%	20~25℃，20 min		恒温水浴锅100℃，20 min	
		腈纶基牛奶蛋白	维纶基牛奶蛋白	腈纶基牛奶蛋白	维纶基牛奶蛋白
H_2SO_4	40	—	不溶解	溶解	部分溶解
	75	轻微溶解(同腈纶)	部分溶解	—	立即溶解
	浓		溶解		立即溶解
HCl	15	—	不溶解		溶解
	浓	—	溶解		立即溶解
HAC	5	—	不溶解	轻微溶解，泛黄	部分溶解
	20	—	不溶解	部分溶解，泛黄	部分溶解
NaOH	2.5	不溶解	不溶解	—	不溶解，色变深
	5	不溶解	不溶解	—	不溶解，色变深
	25	不溶解	不溶解，色变深	溶解成冻胶状	部分溶解，色变深
HCOOH	88%	—	部分溶解	—	部分溶解

维纶基牛奶蛋白纤维在 88% HCOOH 中能够部分溶解，从实验现象看，可能与纤维中聚乙烯醇的溶解有关，剩余物主要是蛋白质。在沸腾水浴中，维纶基牛奶蛋白纤维能够完全溶解于 75% H_2SO_4 和浓 H_2SO_4，不仅与硫酸具有的酸性有关，还由于较高温度下硫酸表现出的强氧化性。维纶基牛奶蛋白纤维在 2.5% 氢氧化钠溶液中不溶解，可以认为是聚乙烯醇与蛋白质的综合表现。

腈纶基牛奶蛋白纤维在常温下的化学性能与腈纶纤维相似，在煮沸条件下多表现出蛋白纤维的特性，在 25% NaOH 溶液中煮沸则表现出特有的冻胶状。

1.4.4　热收缩性

牛奶蛋白纤维在中性、酸性和碱性介质中的热收缩率如表 2-20 所示。腈纶基牛奶蛋白纤维对介质比较敏感，碱性介质中的热收缩率较大，水中较小；而维纶基牛奶蛋白纤维对温度比较敏感，在 100℃ 以上的温度作用下，在各种介质中的热收缩率明显增加，尤其在 110~120℃ 温度范围内，增幅更显著。

表 2-20　牛奶蛋白纤维的热收缩率(%)

作用温度/℃	腈纶基牛奶蛋白纤维			维纶基牛奶蛋白纤维		
	水	pH=3	pH=13	水	pH=3	pH=13
80	0.8	2.5	9.4	0	0	0
90	2.5	4.4	14.8	2.5	1.0	2.5
100	5.0	7.5	20.0	4.7	2.5	5.0
110	10.0	10.0	31.9	8.3	5.0	8.7
120	12.5	14.0	55.3	51.7	53.3	41.7

1.5　牛奶蛋白纤维鉴别

1.5.1　定性鉴别

（1）燃烧鉴别法：靠近火焰,熔融并卷曲;接近火焰,卷曲、融化、燃烧;离开火焰,燃烧,有时自灭;燃烧时气味,毛发燃味;残留物特征,黑色状,基本松脆,但有微量硬块,腈纶基的硬块较维纶基少。

（2）溶解鉴别法：腈纶基牛奶纤维在 25％ NaOH 溶液中,以 100℃恒温加热 30 min 后,即可出现牛奶蛋白纤维特有的呈冻胶状溶解现象并伴随颜色变化——从本色逐渐变为深红色,然后从深红色褪色至浅黄色;维纶基牛奶蛋白纤维在 88％甲酸中部分溶解,75％硫酸中常温下部分溶解、沸腾水浴中能够完全溶解。

（3）氯化锌—碘着色法：常温下加入试剂后,腈纶基牛奶蛋白纤维呈褐色,而维纶基牛奶蛋白纤维呈淡蓝色,前者对氯化锌—碘试剂的敏感程度高,径向膨胀比例大,受热后完全溶解;而着色剂对维纶基牛奶蛋白纤维的影响较小,几乎无变化。

（4）显微镜法：牛奶蛋白纤维的截面形态取决于共聚、共混的聚合物,腈纶基牛奶蛋白纤维的截面形态类似于腈纶纤维的圆形或哑铃形,维纶基类似于维纶纤维的腰圆形;纵面有沟槽和微小的蛋白质颗粒附着物,腈纶基的沟槽直而均匀,维纶基的沟槽由断续的凹坑构成。

1.5.2　定量鉴别

腈纶基牛奶蛋白纤维的二组分定量鉴别可参照纺织行业标准 FZ/T 01103—2009《纺织品 牛奶蛋白改性聚丙烯腈混纺产品 定量化学分析方法》。由于牛奶纤维是二组分的共聚、共混,因此腈纶基牛奶蛋白纤维与其他纤维的二组分混纺实质上是聚丙烯腈组分＋牛奶酪蛋白组分＋其他纤维三组分的混纺,其测试原理如表 2-21 所示。

表 2-21　牛奶蛋白纤维(腈纶基)二组分混纺比测试原理

组分 1		组分 2	原　理	修正系数
聚丙烯腈	牛奶酪蛋白	动物纤维或蚕丝	次氯酸钠法:用 1 mol/L 的次氯酸钠溶解组分 2 和组分 1 中的牛奶酪蛋白	剩余部分为组分 1 中的聚丙烯腈,K 为组分 1 中的聚丙烯腈在牛奶蛋白纤维中的含量的倒数
		聚内烯腈纤维	二甲基甲酰胺法:用沸点为 152～154℃的二甲基甲酰胺(25℃)溶解聚丙烯腈纤维	原色牛奶蛋白纤维,$K=1.06$ 染色牛奶蛋白纤维,$K=1.01$
		纤维素纤维、聚酰胺、聚酯、聚氨酯、聚乳酸等	次氯酸钠/硫氰酸钠法:用 1mol/L 的次氯酸钠溶解牛奶酪蛋白,用 50％硫氰酸钠溶解聚丙烯腈	聚酰胺、棉、铜氨纤维,$K=1.01$ 聚氨酯纤维、聚酯、莫代尔、聚乳酸,$K=1.00$ 莱塞尔纤维,$K=1.02$ 黏胶纤维,$K=1.07$
		聚酰胺纤维	甲酸法:用 80％甲酸溶解聚酰胺	牛奶蛋白纤维,$K=1.09$
		二醋酯纤维	丙酮法:用馏程为 55～57℃的丙酮溶解二醋酯纤维	牛奶蛋白纤维,$K=1.00$
		三醋酯纤维	二氯甲烷法:使用 GB/T 2910.1 中 5.4.2.1规定的试剂溶解三醋酯纤维	牛奶蛋白纤维,$K=1.00$

混纺比的计算公式如下：

$$P_1(\%) = \frac{m_1}{m_0} \times K \times 100$$

$$P_2(\%) = 100 - P_1$$

式中：P_1——未溶解组分纤维含量干重百分比，%；

$\quad\quad m_1$——未溶解组分纤维含量干重；

$\quad\quad m_0$——纤维总含量干重；

$\quad\quad K$——未溶解纤维在试剂中处理的质量修正值；

$\quad\quad P_2$——溶解组分纤维含量干重百分比，%。

2 大豆蛋白纤维

2.1 大豆蛋白纤维的研究与产业发展现状

大豆蛋白纤维属于再生植物蛋白纤维类，以榨过油的大豆豆粕为原料，利用生物工程技术提取豆粕中的球蛋白，通过添加功能性助剂，与腈基、羟基等高聚物接枝、共聚、共混，制成一定浓度的蛋白质纺丝液，改变蛋白质空间结构，经湿法纺丝而成。这一纤维是由我国纺织科技工作者自主开发的，并在国际上率先实现工业化生产，是迄今为止我国获得的唯一的完全知识产权的纤维。

2.1.1 大豆蛋白纤维的研发历程

日本和美国早期对大豆蛋白纤维的开发和应用均有尝试。1938 年，日本油脂公司开发了以大豆为原料的纤维；1942 年前后，日本东京工业试验所在大豆蛋白提取和纤维成型方面做过较为系统的探索；日本昭和产业的大豆蛋白纤维曾以 Silkool 商品名称投放市场；1975 年，日本东洋纺的山田晃等人报道了大豆蛋白丙烯腈接枝纤维，通过湿法纺丝，但未实现工业化生产。1943 年，美国 Drackett 公司试生产了大豆纤维；与此同时，美国 Ford Motor 公司研制了大豆纤维 Soylon，吸水率为 11% 左右；1945 年美国大豆蛋白纤维进行过短期生产，福特汽车也曾使用大豆蛋白纤维织物作为汽车内装饰。

我国河南农民李官奇从 1991 年开始，经过 10 年努力，于 2000 年成功研制出大豆纤维产品，使我国成为目前全球唯一能工业化生产纺织用大豆纤维的国家。2003 年 9 月，在奥地利举行的第 42 届国际人造纤维会议上，大豆纤维被确认为"世界第八大人造纤维"，正式载入国际纤维史册。2004 年，李官奇发明的"植物蛋白合成丝及其制造方法"获得第八届中国专利金奖。

2.1.2 大豆蛋白纤维的生产

大豆蛋白纤维以天然大豆为主要原料，利用生物工程新技术，将豆粕中的球蛋白提取、提纯，并使提纯的球蛋白改变空间结构，配制成一定浓度的蛋白纺丝液，经熟成后，用湿法纺丝工艺纺成单纤为 1.27～3.33 dtex 的丝束，通过化学交联稳定纤维的性能，再经过卷曲、热定形、切断，生产出各种长度规格的纺织用高档纤维。所用原料是大豆粕、羟基和氰基高聚物，纤维中大豆蛋白与聚乙烯醇或聚丙烯腈的比例为 15～45：55～85。大豆蛋白短纤维生产的基本流程如图 2-26 所示。

2.1.3　大豆蛋白纤维的应用

大豆蛋白纤维具有纤细、光滑、柔软和怡人的光泽、良好的悬垂性和吸湿透气性、蛋白质对人体皮肤的保健性，在内衣、睡衣领域大有开发潜力。大豆蛋白纤维针织物与真丝（85%）/羊绒（15%）的针织物具有极其相似的风格，适宜针织产品开发；大豆蛋白纤维的机织产品在光泽上具有麻/绢混纺产品的风

图 2-26　大豆蛋白纤维生产流程

格，手感比绢挺，悬垂性好，抗皱性优于真丝，且可用活性染料染色，染色牢度好，是高档的衬衫用面料。大豆蛋白纤维还可以与蚕丝、羊毛、山羊绒、棉和其他纤维混纺。由于具有轻、柔软、光滑、丝光、强度高、吸湿、导湿、透气性好等诸多良好性质，使其在与其他纤维混纺时能产生许多独特风格。大豆蛋白纤维形成的各类产品品种和规格如表 2-22 所示。

表 2-22　大豆蛋白纤维的各类产品品种和规格

产品种类		规　格
纤维		填充用纤维
		成纱用漂白纤维 1.5 D×76 mm
		成纱用原色纤维 1.1/1.5 D×38/51/76 mm
纱线		棉型纱 纯大豆蛋白纱 10^s～80^s；$10^s/2$～$80^s/2$ 棉/大豆纤维（70～45/30～55）混纺纱 大豆/黏胶（80/20）混纺纱 氨纶包芯纱 16^s+70D；32^s+40D；40^s+40D
		毛型纱 纯大豆蛋白纱 24～60 公支 大豆/羊绒（85～50/15～50）混纺纱 羊毛（天丝、蚕丝）/大豆（50/50）混纺纱 大豆/PTT/羊毛混纺纱

产品种类	规 格
纤维	雪尼尔纱 纯大豆纱 $1.0^s \sim 6.0^s$
	毛圈纱 大豆纱+氨纶 12+40D;8+40D
	钩编纱 大豆纯纺纱 $1.0^s \sim 4.5^s$ 大豆/羊毛、大豆/棉混纺纱 $1.0^s \sim 4.5^s$
	手工针织纱 纯大豆纱 $0.8^s \sim 1.5^s$ 羊毛/大豆 50/50 混纺纱 $8^s \sim 1.5^s$
织物	针织物 大豆纤维纯纺或混纺纱形成本色和染色平针、罗纹和提花织物
	机织物 大豆与棉混纺和交织形成本色、染色和色织物,采用平纹、斜纹、缎条和提花组织
	毛巾 纯大豆纤维织制的本色和染色毛巾
家纺	被褥 大豆纤维面料和填充材料
	枕头 大豆纤维面料和填充材料

2.2 大豆蛋白纤维种类

大豆蛋白纤维按与其共混、交联、接枝的高聚物类型有腈纶基、维纶基和黏胶基三种。大豆球蛋白与聚丙烯腈共混、交联、接枝制得的纤维为大豆蛋白改性聚丙烯腈纤维(腈纶基大豆蛋白纤维);大豆球蛋白与聚乙烯醇共混、交联、接枝制得的纤维为大豆蛋白改性聚乙烯醇纤维(维纶基大豆蛋白纤维);大豆球蛋白与纤维素共混制得的纤维为大豆蛋白改性纤维素纤维(黏胶基大豆蛋白纤维)。

按长度分为短纤维和长丝两类。我国生产大豆纤维最大的企业是江苏常熟江河天绒丝纤维有限责任公司,生产的短纤维品种规格如表 2-23 所示。

表 2-23　江河天绒丝纤维公司生产的大豆蛋白纤维规格

品　种	纤度/D(dtex)	长度/mm	颜　色
棉型	1.15(1.27);1.5(1.67)	38;51	本色、漂白
毛型	2.0(2.22);3.0(3.33)	76;102;76～110（不等长）	本色、漂白

2.3　大豆蛋白纤维结构特征

2.3.1 形态结构

（1）维纶基大豆蛋白纤维的形态结构如图 2-27 所示。维纶单体大豆蛋白纤维的横截面近似圆形,有表皮层,表皮层薄而结构较为紧密,芯层结构松散、不匀,含有多而大小不一的孔洞和缝隙。纵面形态有构槽有凹凸坑,表面附有小颗粒。

（a）维纶基截面　　　　（b）维纶基纵面　　　　（c）维纶截面　　　　（d）维纶纵面

图 2-27　维纶基蛋白纤维与维纶纤维的形态结构电镜图

（2）腈纶基大豆蛋白纤维的形态结构如图 2-28 所示。腈纶单体大豆蛋白纤维的横截面近似豆瓣状,结构较紧密、均匀,含有一定量的微小孔洞和缝隙。

（a）腈纶基截面　　　　（b）腈纶基纵面　　　　（c）腈纶截面　　　　（d）腈纶纵面

图 2-28　腈纶基蛋白纤维与腈纶纤维的形态结构电镜图

（3）黏胶基大豆蛋白纤维的形态结构如图 2-29 所示。横截面呈扁平状、哑铃形或腰圆形,有皮芯结构,并且横截面上有细小的微孔;纵向表面不光滑,有不规则的沟槽和海岛状的凹凸。

纤维截面中布满的大大小小的空隙和纵向凹凸坑、表面附有的小颗粒是大豆蛋白纤维与相应基体纤维形态的主要区别。

57

（a）黏胶基截面   （b）黏胶基纵面   （c）黏胶截面   （d）黏胶纵面

图 2-29　黏胶基蛋白纤维与黏胶纤维的形态结构电镜图

2.3.2　组分分布

  大豆蛋白纤维的形态结构和化学特性都体现出基体的特性,因此可推断出:大豆蛋白纤维中分别有基体和大豆蛋白两种物质共存。对选定的腈纶基和维纶基两种大豆蛋白纤维,用不同的化学试剂将基体溶解,溶解液中的蛋白质物质形成腐乳状聚集,经过滤将基体物质分离出来,对剩余物质用氯化锌—碘化学试剂进行着色反应,颜色呈偏黄色,体现蛋白质特性,说明剩余物质全部为大豆蛋白,其成分定量分析结果见表 2-24。

表 2-24　大豆蛋白纤维基体和大豆球蛋白成分含量

纤维名称	成分含量/%	
	基　　体	大豆蛋白
腈纶基大豆蛋白纤维	51.0	49.0
白色维纶基大豆蛋白纤维	29.8	70.2

注:① 并不是所有的大豆蛋白纤维成分含量如此表所示,不同厂家、不同品种的含量各不相同;
  ② 表中数据来源于《纺织学报》2003 年 4 月《大豆蛋白纤维性能探讨》。

2.4　大豆蛋白纤维性能

2.4.1　机械物理性能

  大豆蛋白纤维的物理机械性能如表 2-25 所示。纤维性能与基体种类和蛋白质含量有关,纤维强伸度、比电阻和密度一般较相应基体小,并随着蛋白质含量的增加,降低程度增加。黏胶基大豆蛋白纤维的蛋白质含量对其物理机械性能的影响如表 2-26 所示。

表 2-25　大豆蛋白纤维的物理机械性能

纤维种类	强度 /cN·dtex⁻¹		断裂伸长率/%		初始模量 /cN·dtex⁻¹	质量比电阻 /Ω·g·cm⁻²	摩擦系数		纤维密度 / g·cm⁻³
	干	湿	干	湿			动	静	
腈纶基大豆蛋白纤维	5.7	—	16.3	—	32.1	2.2×10^{9}	0.46	0.60	—
维纶基大豆蛋白纤维	4.7	4.3	16.2	16.5	62.2	4.3×10^{9}	0.31	0.52	1.28
黏胶基大豆蛋白纤维	2.1	2.1	15.8	23.1	—	1.2×10^{7}	0.22	0.41	1.48
腈纶	3.3	3.0	37.5	42.5	38.5	5.5×10^{12}	—	—	1.14
维纶	4.9	3.7	19.0	19.0	42.0	3.7×10^{11}	—	—	1.26
黏胶	2.8	1.6	21	26	37.3	2.3×10^{7}	—	—	1.51

表 2-26 黏胶大豆蛋白共混纤维的力学性能测试数据

蛋白质含量 /%	强度/cN·dtex⁻¹		断裂伸长率/%	密度/g·cm⁻³
	干态	湿态	干态	
0	2.48	1.32	18.01	1.60
5	2.23	1.12	19.77	1.57
10	2.13	1.08	20.34	1.48
15	2.01	1.02	23.75	1.23
20	1.64	0.86	25.36	1.17

注：表中数据来源于《纤维素科学技术》2007 年 6 月《大豆蛋白/黏胶共混纤维的结构与性能》。

2.4.2 吸湿性能

（1）标准大气条件下的回潮率：大豆蛋白纤维在标准大气条件下的平衡（吸湿）回潮率，腈纶基为 5%～6%，维纶基为 6%～7%，黏胶基为 13%～14%。

大豆蛋白纤维中的基体成分对回潮率有较大影响，回潮率大小顺序为：黏胶基＞维纶基＞腈纶基，与基体纤维的回潮率排序相同；同时大豆蛋白对纤维吸湿性也有影响，大豆蛋白的吸湿能力大于腈纶和维纶纤维，使腈纶基和维纶基大豆蛋白纤维的回潮率较相应基体纤维的回潮率大，而大豆蛋白/黏胶共混纤维的回潮率与黏胶纤维相近。

（2）导湿保湿性：大豆蛋白纤维的表面沟槽和纤维中的孔洞，使纤维的毛细管效应显著，大豆蛋白纤维的导湿性优于竹浆、纽代尔等吸湿性好的纤维。图 2-30 为 27.8 tex 的大豆蛋白纤维纱、大豆/纽代尔混纺纱、竹浆纤维纱和纽代尔纱在 30 min 内的毛效变化曲线。从图中可见，纯大豆蛋白纤维纱的毛效明显高于再生纤维素纤维纱，如竹纤维纱或纽代尔纱，其 30 min 时的毛效高出纽代尔纱约 4 cm，导湿功能显著。

大豆纤维的保湿性能较差，由图 2-31 可以看出：大豆蛋白纱较再生纤维素纱及混纺纱的含湿倍数（水分与纱线干重的比值）小得多。这与纤维本身的吸湿能力和导湿性有关，吸湿能力越强，导湿越慢，则保湿性越好。

图 2-30 大豆蛋白纱导湿曲线

图 2-31 大豆蛋白纱含湿曲线

2.4.3 化学性能

维纶基和黏胶基大豆蛋白纤维的化学性能如表 2-27 所示。维纶基和黏胶基大豆蛋白纤维对一般溶剂和碱的稳定性较好，在浓度较高的酸液中能溶解。

59

表 2-27　维纶基和黏胶基大豆蛋白纤维的化学溶解性能

纤　　维	溶　剂							
	盐酸 37%	硫酸 75%	氢氧化钠 5%	甲酸 85%	冰醋酸	间甲酚	二甲基甲酰胺	二甲苯
维纶基大豆蛋白纤维	S	S	P	S(40℃)	I	SS	I	I
黏胶基大豆蛋白纤维	S	S	P	SS	I	SS	I	I
维纶纤维	S	S	I	S	I	S	I	I
黏胶纤维	S	S	I	I	I	I	I	I
羊毛	I	I	S	I	I	I	I	I
蚕丝	P	S	S	I	I	I	I	I
棉	I	S	I	I	I	I	I	I
麻	I	S	I	I	I	I	I	I

注：S—溶解；I—不溶解；P—部分溶解。(除标注外，纤维在氢氧化钠溶液中为煮沸条件，其他均为常温下)

此外，实验表明维纶基大豆蛋白纤维微溶于 1.0 N 次氯酸钠溶液(反应条件：25℃、30 min)；大豆蛋白纤维几乎全溶于甲酸/氯化锌溶液(反应条件：40℃、2.5 h)。

根据大豆蛋白纤维的化学溶解性能，其混纺纱的混纺比测试可采用以下化学试剂：

(1) 大豆蛋白纤维与聚丙烯腈纤维混纺织物的组分分析，可采用二甲基甲酰胺法；

(2) 大豆蛋白纤维与聚酯纤维混纺织物的组分分析，可采用 75% 硫酸法；

(3) 大豆蛋白纤维与棉、苎麻、亚麻纤维混纺产品的组分分析，可采用甲酸/氯化锌法。

2.4.4　耐热性

维纶基大豆蛋白纤维无熔点，150℃时变黄，强力下降；200℃时变为褐色，长度明显收缩；250℃时变为深褐色，纤维完全碳化。

黏胶基大豆蛋白纤维无熔点，150℃时变为浅黄色，强力下降不大；200℃时变为浅褐色；250℃时变为褐色，开始碳化，长度收缩；300℃时完全碳化，尺寸明显收缩。两种纤维的强力随干热温度变化的情况如图 2-32 所示，从图中可以看出，黏胶基大豆蛋白纤维在低于 140℃的温度作用下，纤维强力变化不大，而维纶基大豆蛋白纤维在高于 120℃的温度作用下，强力随温度变化较为明显，即黏胶大豆蛋白纤维的耐干热性能优于维纶基大豆蛋白纤维，但维纶基纤维的强力总体上高于黏胶基纤维。

图 2-32　大豆蛋白纤维耐干热性能

2.5　大豆蛋白纤维鉴别

2.5.1　定性鉴别

(1) 燃烧鉴别法：纤维在靠近火焰、接触火焰和离开火焰时的燃烧特征见表 2-28。

表 2-28　大豆蛋白纤维燃烧特征

纤维种类	靠近火焰	接触火焰	离开火焰	燃烧气味	灰烬特征
维纶基大豆蛋白纤维	收缩熔融并卷曲	卷曲,熔化后燃烧	燃烧有黑烟	烧毛发味	黑色,基本松脆
黏胶基大豆蛋白纤维	不收缩和熔融	迅速燃烧	继续燃料	烧毛发味	灰白色,松脆

（2）溶解鉴别法：维纶基大豆蛋白纤维常温下可溶解于 $40\%H_2SO_4$、$20\%HCl$ 和部分溶解在 $88\%HCOOH$ 中。

（3）显微镜法：大豆蛋白纤维在光学显微镜下的形态如图 2-33 所示,纵、横截面形态与其基体纤维的形态基本相同。

（a）维纶基截面　　　　（b）维纶基纵面　　　　（c）黏胶基截面　　　　（d）黏胶基纵面

图 2-33　大豆蛋白纤维在光学显微镜下的形态结构

2.5.2　定量鉴别

维纶基大豆蛋白纤维的二组分定量鉴别可参照纺织行业标准 FZ/T 01102—2009《纺织品 大豆蛋白复合纤维混纺产品 定量化学分析方法》。由于大豆蛋白纤维是二组分的共聚、共混,因此维纶基大豆蛋白纤维与其他纤维的二组分混纺实质上是聚乙烯醇组分＋大豆蛋白组分＋其他纤维三组分的混纺,其测试原理如表 2-29 所示。

表 2-29　大豆蛋白纤维(维纶基)二组分混纺比测试原理

组分 1	组分 2		原　理	修正系数
聚乙烯醇	大豆蛋白	动物纤维或蚕丝	次氯酸钠法:用 1 mol/L 次氯酸钠溶解组分 2 和组分 1 中的大豆蛋白	剩余部分为组分 1 中的聚乙烯醇 K 为组分 1 中的聚乙烯醇在大豆蛋白纤维中的含量的倒数
			氢氧化钠法:用 100℃的 2.5％氢氧化钠溶解组分 2	原色大豆蛋白纤维,$K=1.07$ 漂白大豆蛋白纤维,$K=1.12$
			硝酸法:用浓硝酸:水(体积比)＝5:1 的溶液溶解组分 1	动物纤维或蚕丝,$K=1.04$
		聚丙烯腈 聚氨酯纤维	二甲基甲酰胺法:用沸点为 152～154℃的二甲基甲酰胺(90～95℃)溶解聚丙烯腈或聚氨酯纤维	大豆蛋白纤维,$K=1.01$
		纤维素纤维 聚丙烯腈 聚酯纤维	次氯酸钠/盐酸法:用 1 mol/L 次氯酸钠溶解大豆球蛋白,用 20％盐酸溶解聚乙烯醇缩甲醛	棉纤维,$K=1.04$ 黏胶、莫代尔,$K=1.01$ 聚丙烯腈,聚酯,$K=1.00$
		聚酰胺纤维	冰乙酸法:用冰乙酸溶解聚酰胺	大豆蛋白纤维,$K=1.02$

61

组分1	组分2	原　　理	修正系数
聚乙烯醇	大豆蛋白	二醋酯纤维	丙酮法：用馏程为55～57℃的丙酮溶解二醋酯纤维	大豆蛋白纤维，$K=1.00$
		三醋酯纤维	二氯甲烷法：使用 GB/T 2910.1 中 5.4.2.1 规定的试剂溶解三醋酯纤维	大豆蛋白纤维，$K=1.00$

混纺比计算公式如下：

$$P_1(\%) = \frac{m_1}{m_0} \times K \times 100$$

$$P_2(\%) = 100 - P_1$$

式中：P_1——未溶解组分纤维含量干重百分比，%；

　　　m_1——未溶解组分纤维含量干重；

　　　m_0——纤维总含量干重；

　　　K——未溶解纤维在试剂中处理的质量修正值；

　　　P_2——溶解组分纤维含量干重百分比，%。

第三章　产业化生态型合成纤维

第一节　可降解 PLA 纤维

1 可降解 PLA 纤维的研究与产业发展现状

PLA 是聚乳酸（Poly-Lactic Aaicd）的英文缩写，PLA 纤维即聚乳酸纤维，俗称玉米纤维（Corn Fibre），是一种可完全生物降解的合成纤维。合成聚乳酸的原料来自玉米、小麦、黑麦、稻谷、甘蔗或甜菜等谷物和制糖植物，所以日本有人将其称为"谷物纤维"。聚乳酸制品废弃后在土壤和海水中经微生物作用可分解为二氧化碳和水，燃烧时不会产生有毒气体，不污染环境，是一种可持续发展的生态纤维，如图 3-1 所示。

图 3-1　PLA 制品的生态循环

1.1 PLA 纤维的研发历程

（1）美国 PLA 纤维研发：1932 年美国杜邦公司的著名高分子化学家 Carothers 已经用乳酸以真空加热方式生产出一种低相对分子质量的玉米聚乳酸，因其相对分子质量未能进一步提高而放弃了此项研究。

1948 年美国弗吉尼亚卡罗莱纳化学公司（Virgins Carilina Chemical Corp）利用玉米残渣提取玉米醇熔蛋白质（Zein），生产出 Vicara 纤维，并于 1957 年投入生产。

1962 年美国 Cyanamid 公司用聚乳酸制成了性能优异的可吸收缝合线；20 世纪 70 年代，聚乳酸在人体内的易分解性和分解产物的高度安全性得到确认，被美国食品及药物管理局（FDA）批准为生物降解医用材料。

1994 年美国 Dupont 等公司研制出玉米蛋白纤维，一种方法是将玉米蛋白质溶于溶剂中进行干法纺丝，另一种方法是将球状玉米蛋白质溶解于碱液中，并加入甲醛或多聚羧酸类交联剂进行湿法生产，但至今尚未形成工业化生产。

1992 年美国著名化学公司 Dow Polymers 与著名谷物公司 Cargill 合作，组成 Cargill Dow Polymers LLC（CDP）公司，生产聚乳酸树脂和聚乳酸纤维，商品名为"Nature

Works",在明尼苏达州(MN)Sarage 市有一家产能为 5 600 吨/年的试验工厂;2001 年在内布拉斯加州 Blair 建成了 13.6 万吨/年的 PLA 工厂;2002 年又建成产能为 14 万吨/年的 PLA 工厂;2003 年 CDP 公司将生产的 PLA 纤维命名为"Ingeo"(英吉尔)。

(2) 日本 PLA 纤维研发:1989 年日本岛津制作所与钟纺公司合作开发聚乳酸纤维新品种,分别于 1994 年、1998 年开发出商品名为"Lactom"的纤维和由此种纤维开发的系列产品,并于 1999 年正式展示由"Lactom"纤维制成的各种服饰;2000 年钟纺公司与 CDP 公司合作生产聚乳酸树脂,尤尼吉卡公司利用 CDP 公司的聚乳酸通过熔融纺丝技术纺制了聚乳酸纤维、薄膜和纺黏非织造布,其商品名为"Terramac"。

(3) 我国 PLA 研发:中国的聚乳酸工业起步较晚,1987 年前后,上海工业微生物研究所、江苏省微生物研究所、天津工业微生物研究所等开展了发酵法聚乳酸的研究。我国研制聚乳酸纤维的有南开大学、浙江省医学科学院、东华大学、华南理工大学、中国科学院长春应用化学研究所等。

东华大学承担的中国石油化工股份有限公司的项目"聚乳酸的合成方法及纤维制备工艺"于 2003 年 7 月通过了中国石化集团公司的技术鉴定。

中国科学院长春应用化学研究所与常熟市长江化纤有限公司合作,先后突破了脱水聚、裂解纯化、开环聚合、后处理等关键技术,从乳酸水溶液到聚乳酸熔体直接纺丝,于 2006 年 11 月首次在模型装置上纺成聚乳酸长丝;2007 年 11 月,又自主研发出年生产能力达 59 吨的以"薄膜反应器"为核心的连续聚合直纺装置,解决了物料进出、混合与推进、温度测量与控制等一系列工程技术问题,突破了物料行进过程中在常压、真空、高压之间过渡等技术难题;随后在该装置上以 2 800~5 000 m/min 的纺丝速度纺出聚乳酸长丝。该技术成功地填补了国内聚乳酸树脂及纤维生产的空白。

1.2 PLA 纤维的生产与应用

PLA 纤维与涤纶等合成纤维不同的是,生产原料是从谷物或秸杆中提取的乳酸,而非石油。PLA 从原料到高聚物形成的流程为:

玉米、麦子、秸杆(稻、麦、玉米)等→淀粉→乳糖→发酵→乳酸→聚乳酸

PLA 纤维的纺丝可采用干纺(溶液纺丝法)和熔纺(熔融纺丝法)。从所得到的纤维性能来看,干纺纤维的性能优于熔纺纤维。但熔纺不需要溶剂和溶剂回收处理装置,对环境无污染,成本低。所以,目前各国的研究开发主要放在熔纺上,其工艺流程为:

PLA 聚乳酸→熔融纺丝→拉伸→热处理→聚乳酸纤维

PLA 纤维的生产原料和产品如图 3-2 所示。

聚乳酸纤维性能介于涤纶和锦纶纤维间,其主要应用有:

(1) 用于运动装、军装、内衣及运动衫等。PLA 纤维比 PET 的芯吸性更好,悬垂性和回弹性好,卷曲持久,强度与涤纶相当,织物具有良好的定形能力和抗皱性。

(2) 用于家纺领域。PLA 纤维的燃烧热低、发烟量少和优异的弹性,适合于制作悬挂物、室内装饰品、面罩、地毯、填充件等。

（a）秸秆　　（b）麦子　　（c）玉米　　（d）甘蔗　　（e）甜菜

聚乳酸生产原料

（a）乳酸　　（b）聚乳酸粉　　（c）聚乳酸无光切片　　（d）聚乳酸半光切片　　（e）聚乳酸有光切片

聚乳酸纤维原料

（a）无光短纤维　　（b）有光短纤维　　（c）染色纤维　　（d）染色纤维条　　（e）有光长丝纱

聚乳酸纤维和纱线

（a）机织物　　（b）无纺布　　（c）枕头　　（d）靠垫　　（e）毛巾

聚乳酸纤维产品

图 3-2　聚乳酸原料、纤维及产品

（3）用于生产双组分复合纤维。PLA 纤维的结晶熔融温度在 $120 \sim 170℃$ 范围内变化，且热黏结温度可以控制，可成为双组分纤维的最佳选择之一，可形成皮芯型、并列型、分割型、海岛型等结构。

（4）医疗用手术衣、手术覆盖布、口罩等非织造布和手术缝合线、纱布、绷带等。聚乳酸纤维的水分吸收及扩散能力、稍呈酸性的 pH 值，与人体皮肤相同，具有优良的生物相容性、降解性和安全性。

目前 PLA 最著名的品牌是 CDP 公司生产的 Nature Works，注册商标为"Ingeo™"，如图 3-3 所示。全球 PLA 主要生产公司如表 3-1 所示。

图 3-3　CDP 公司生产的 PLA 纤维商标

表 3-1　PLA 纤维生产企业

国家和地区	公 司 名 称
美国	Cargill Dow Polymers LLC，Birmingham Polymers，Polysciences Inc.
日本	Mitsui Chemical，Shimadzu Corporation
德国	Apack AG，BASF SE，Boeringer Ingelheim，Hycail B. V.
法国	Phusis
荷兰	Purac Biochem
中国台湾	Far East New Century Corporation

2 PLA 纤维种类

PLA 纤维可制成长丝和短纤维。远东新世纪生产的 PLA 长丝纤维有 75D(83.3 dtex)/72F、75D(83.3 dtex)/36F、150D(166.7 dtex)/48F 和 150D(166.7 dtex)/144F 四种。

3 PLA 纤维结构特征

3.1　形态结构

PLA 纤维的形态结构如图 3-4 所示。PLA 纤维与涤纶纤维一样，都是将熔融的成纤高聚物熔体从喷丝头的喷丝孔中压出，在空气中冷却固化成丝，即熔体纺丝法，两者的纵面形态与截面形态基本相同。

（a）PLA 纤维纵面　　（b）涤纶纤维纵面　　（c）PLA 纤维截面　　（d）涤纶纤维截面

图 3-4　PLA 纤维的形态结构电镜图

3.2　分子结构

聚乳酸纤维的分子式为：

$$H\!\left[O\!-\!CH\!-\!\overset{CH_3}{\underset{}{C}}\!\overset{O}{\underset{}{\parallel}}\right]_n\!OH$$

从分子结构看，聚乳酸纤维属于脂肪族聚酯纤维，不含有芳香环。由于乳酸分子中存在手性碳原子,有 D 型和 L 型之分,使丙交酯、聚乳酸的种类因单体的立体结构不同而有多种,如聚右旋乳酸(PDLA)、聚左旋乳酸(PLLA)和聚外消旋乳酸(PDLLA)。由淀粉发酵得到的乳酸有 99.5％是左旋乳酸,聚合得到的 PLLA 的结晶度较高,适合于生产纤维等制品,因此,人们对聚乳酸纤维结构的研究主要集中于 PLLA。

　　PLLA 纤维结构规整,具有较高的结晶度和取向度,其结晶度可达 84％。

4 PLA 纤维性能

4.1 力学性能

　　PLA 的拉伸曲线如图 3-5 所示,它的断裂强度介于天然纤维与合成纤维间,伸长能力远大于羊毛和普通合成纤维。这一特性使 PLA 产品具有良好的伸展舒适性,但也给后道加工带来不少麻烦。

　　PLA 纤维湿态时的力学性能较干态时有明显的变化,测试结果如表 3-2 所示。干态时玉米纤维的初始模量大于涤纶和锦纶,断裂伸长率与锦纶接近,断裂强度和断裂功均介于涤纶和锦纶之间。而湿态下玉米纤维的初始模量大于涤纶和锦纶,断裂强度小于涤纶和锦纶,断裂伸长率和断裂功均介于涤纶和锦纶之间。湿态下玉米纤维的初始模

图 3-5　PLA 拉伸曲线

量、断裂强度和断裂伸长率分别为干态时的 60％、70％、114％,而涤纶纤维分别为 46％、96％、90％,锦纶纤维分别为 89％、99％、106％。可见湿处理后玉米纤维力学性能的变化较涤纶(除初始模量外)、锦纶更为明显。

表 3-2　PLA 纤维湿态时的力学性能

纤维	初始模量/cN・dtex^{-1}		断裂强度/cN・dtex^{-1}		断裂伸长率/％	
	干	湿	干	湿	干	湿
PLA	95.41	54.67	4.79	3.48	40.85	46.71
涤纶	92.07	42.21	5.07	4.87	18.92	17.85
锦纶	25.81	22.89	4.45	4.42	45.75	47.83

4.2 物理性能

　　PLA 纤维具有涤纶纤维的吸湿能力小、弹性回复率大、抗皱性好等特性,其基本物理性能如表 3-3 所示。

表 3-3　PLA 纤维的基本物理性能

纤维类别	PLA (Ingeo)	锦纶	涤纶	腈纶	黏胶	棉	蚕丝	羊毛
密度/g·cm⁻³	1.27	1.14	1.38	1.18	1.52	1.52	1.33	1.32
回潮率/%	0.4~0.6	3.5~4.5	0.2~0.4	1~2	11~13	7~9	9~11	14~18
弹性回复率/% (伸长 5%)	93	89	65	50	32	52	52	69

注:表中数据来源于 http://www.natureworksllc.com。

4.3　化学性能

PLA 纤维的化学特性接近涤纶纤维,总体表现为较耐酸不耐碱。PLA 纤维在常用化学试剂中的溶解性能测试值如表 3-4 所示。

表 3-4　PLA 纤维的化学溶解性能

试剂	溶解时间/min				试剂	溶解时间/min			
	1	5	10	30		1	5	10	30
硫酸(98%)(常温)	S₀	S	S	S	冰乙酸(煮沸)	P	S	S	S
硫酸(75%)(50℃)	I	I	I	I	氢氧化钠(5%)(常温)	I	I	P	P
硫酸(59.5%)(60℃)	I	I	I	I	氢氧化钠(5%)(煮沸)	P	P	S	S
盐酸(36%)(常温)	I	I	I	I	氢氧化钠(2.5%)(煮沸)	P	P	S	S
甲酸(98%)(常温)	I	I	I	I	次氯酸钠(1mol/L)(常温)	I	I	P	P
甲酸(80%)(常温)	I	I	I	I	二甲基甲酰胺(常温)	I	△	△	△
甲酸/氯化锌(75℃)	I	I	I	I	二甲基甲酰胺(煮沸)	S₀	S	S	S
冰乙酸(常温)	I	I	I	I	二氯甲烷(常温)	S₀	S	S	S
冰乙酸(80℃)	I	I	P	S/P	丙酮(常温)	I	I	I	I

注:S—立即溶解,S—溶解,P—部分溶解,I—不溶解,△—溶胀。

因酸和碱能催化酯键的水解反应,其中碱的催化作用更为突出,所以聚乳酸纤维在碱性条件下会显得更加脆弱。PLA 纤维在不同 pH 溶液中保温湿处理 60 min 后,纤维的强力变化如图 3-6 所示。从图 3-6 可以发现,pH 值对 PLA 纤维的断裂强力的影响很大,即使在低温 60℃条件下处理,当 pH 值从 6 变为 8 时,其强力降低 32.52%。相比之下,碱性条件对 PLA 纤维性能的影响比酸性条件强。在

图 3-6　PLA 纤维强力与 pH 值的关系

60℃条件下处理,当 pH 值从 6 变为 4 时,其强力只降低 12.53%。在相同的 pH 值条件下,随着温度的升高,纤维性能损伤程度加大。在 100℃下,当 pH 值为 8 和 10 时,其强力分别下降 43.27% 和 64.44%;在 120℃下,当 pH 值为 8 和 10 时,强力已经全部损失,

无法测量。

4.4 热学特性

PLA 纤维的热学性能如表 3-5 所示,它具有以下特点:

(1)燃烧特性:燃烧时低烟,蓝色火焰,放出热量较少,极限氧指数较大,与羊毛纤维相近。

(2)热转变点:PLA 纤维的玻璃化温度为 55～60℃,低于涤纶纤维的 125℃和锦纶 6 的 90℃;PLA 纤维的熔点也较低,10 根纤维熔点测试值如表 3-6 所示,在 150℃左右开始熔融,至 165～170℃完全熔融。

表 3-5　PLA 纤维的热学性能

纤维类别	PLA (Ingeo)	锦纶	涤纶	腈纶	粘胶	棉	蚕丝	羊毛
燃烧热/MJ·kg^{-1}	19	31	25～30	31	17	17	—	21
燃烧特征	少烟	中烟	多烟	中烟	中烟	中烟	中烟	中烟
极限氧指数/%	26	20～24	20～22	18	17～19	16～17	—	24～25
熔点/℃	130～175	215	255	320	—	—	—	—

注:表中数据来源于 http://www.natureworksllc.com。

表 3-6　PLA 纤维的熔点测试值

序号	开始熔融温度/℃	完全熔融/℃	序号	开始熔融温度/℃	完全熔融/℃
1	149.8	165.4	6	150.4	167.3
2	150.6	168.9	7	151.0	168.2
3	149.5	166.7	8	150.2	167.8
4	148.9	168.3	9	150.3	166.6
5	149.2	169.1	10	149.7	169.6

(3)热稳定性:在不同温度和时间的作用下,纤维的力学性能发生明显变化,如表 3-7 所示,有如下特点:

表 3-7　不同温度和时间作用下的纤维力学性能

处理温度/℃	初始模量/cN·dtex^{-1} 处理时间/min			强度/cN·dtex^{-1} 处理时间/min			断裂伸长率/% 处理时间/min		
	10	20	30	10	20	30	10	20	30
90	100.72	94.57	89.41	4.73	4.27	3.43	38.07	38.38	33.98
110	84.15	78.81	66.26	4.61	3.96	3.38	43.71	43.37	37.27
130	81.10	74.13	65.96	4.52	3.97	3.02	43.70	42.99	36.85
150	79.14	65.30	48.32	3.73	3.42	2.55	52.93	43.23	50.46

注:数据来源于《纺织学报》2008 年 4 月《热处理对玉米纤维力学性能的影响》。

① 断裂强度随温度上升逐渐下降,达到 130℃时,强度下降尤其明显;

② 断裂伸长率随着处理温度的升高呈现逐渐上升的趋势,130℃以后上升趋势非常明显;

③ 初始模量随着热处理温度和时间的增加逐渐下降,热处理时间超过 20 min,玉米纤维的初始模量显著下降。

4.5 特殊性能

(1)生物降解性:生物降解性是 PLA 纤维的显著特点,其制品丢弃后埋在地下,在微生物的作用下会分解为二氧化碳和水,其降解前后的纤维结构如图 3-7 所示。

(a) 降解前   (b) 降解后

图 3-7 降解前后的 PLA 纤维表面特征

PLA 纤维具有天然纤维的生物降解特性,但降解机理不同于天然纤维素类聚合物与酶直接反应分解,而是在生物降解环境中,首先发生简单的水解反应,使纤维的相对分子质量降低,这种反应开始出现在非晶区和晶区表面,当相对分子质量降低到一定程度时,再在酶的作用下,因新陈代谢完成降解。

PLA 纤维在一般使用条件下不易发生分解,它的降解时间与棉等天然纤维相近,不会影响其使用寿命。但在微生物、复合有机废料或土壤中 24～36 月可完全降解,如图 3-8 所示。纤维在土壤中 25 个月,其强力基本损失;而在堆肥需氧生物中降解,只需 40 天左右。

图 3-8 PLA 纤维降解过程中的强伸度

(2)生物相容性:PLA 与动物机体组织能相容相生,因此 20 世纪 70 年代起,聚乳酸材料用于外科手术缝合线、骨丁、防粘连膜等。

德国海恩斯坦纺织研究院（Hohenstein）最近研究发现，PLA 纺织品能控制血管中对干细胞分泌发出信号的分子，刺激毛细血管生长，如图 3-9 所示。

（3）抗紫外线：PLA 纤维的抗紫外线功能优于涤纶纤维，与腈纶纤维相当。

图 3-9　PLA 纺织品刺激毛细血管生长示意图

5 聚乳酸纤维鉴别

5.1　定性鉴别

（1）显微镜试验法：横截面为近似圆形，纵截面光滑、有明显斑点。

（2）燃烧试验法：当纤维靠近火焰时熔缩，接触火焰时熔融、燃烧，离开火焰时继续熔融、燃烧，并有熔体下落，燃烧时有淡淡的特殊甜味，残留物为浅灰色胶状物。其燃烧的性能和状态与合成纤维有相似，不同的是残留物颜色较浅。

（3）熔点法：在熔点法中，聚乳酸纤维的熔点为 165～170℃，涤纶纤维的熔点一般在 252℃左右，锦纶 6 纤维在 220℃左右，锦纶 66 在 260℃左右，丙纶纤维为 180℃，乙纶纤维在 160℃左右。虽然能将其与涤纶、锦纶区分开，但容易和乙纶混淆，加上现在许多低熔点涤纶的研发，使单纯应用熔点法不易进行定性鉴别。

（4）红外吸收光谱试验法：在红外吸收光谱试验中，聚乳酸纤维和聚酯纤维的光谱吸收图有很大的相似之处，但可以通过聚乳酸的特征峰（1 076 cm^{-1}、1 179 cm^{-1}、1 747 cm^{-1}），表明该纤维具有酯类特征的吸收峰，属聚酯家族。如果 C═O 伸缩振动频率位置相应地比苯环共轭的聚酯类高，强度弱，可以基本判断为聚乳酸纤维。

（5）溶解试验法：聚乳酸纤维能溶解于常温下的二氯甲烷和煮沸的二甲基甲酰胺中，这是鉴别聚乳酸纤维和涤纶纤维及丙纶、乙纶纤维的关键点所在。

纤维的溶解一般采用试验室常规的溶解试剂。纤维不溶于 50℃下的 75% 硫酸，基本排除纤维素纤维和再生纤维素纤维；纤维不溶于常温下的 20% 盐酸和 80% 甲酸，基本排除锦纶；纤维不溶于冰乙酸，基本排除醋酯纤维；纤维溶于煮沸的 5% 氢氧化钠溶液、煮沸的二甲基甲酰胺或常温下的二氯甲烷，则基本可判别为 PLA 纤维。

综合考虑，聚乳酸纤维可以结合燃烧试验法、显微镜试验法、熔点试验法和溶解试验法比较准确地进行定性鉴别。

5.2　定量鉴别

聚乳酸纤维的二组分定量鉴别可参照检验检疫行业标准 SN/T 2861—2010《聚乳酸纤维纤维制品成分定量分析方法》，其测试原理见表 3-8。

表 3-8　聚乳酸二组分混纺比测试原理

组分 1	组分 2	原理	修正系数
聚乳酸纤维	动物纤维或蚕丝	二甲基甲酰胺法:在 90~95℃的二甲基甲酰胺试剂中 1 h,溶解聚乳酸纤维	聚乳酸,$K=1.00$
	天然或再生纤维素纤维	75%硫酸法:用 75%硫酸在 50℃±5℃水浴中 1 h,溶解纤维素纤维或再生纤维素纤维	聚乳酸,$K=1.00$
	天然或再生纤维素纤维	5%NaOH 法:在 90~95℃的 5%NaOH 中保温 1 h,溶解聚乳酸	棉,$K=1.01$
	二醋酯纤维	丙酮法:在馏程为 55~57℃的丙酮中常温下 1 h,溶解二醋酯纤维	聚乳酸,$K=1.00$
	三醋酯纤维	冰乙酸法:在冰乙酸中常温下 20 min,溶解三醋酯纤维	聚乳酸,$K=1.00$
	聚酯纤维	二氯甲烷法:在二氯甲烷中常温下放置 30 min,溶解聚乳酸纤维	聚乳酸,$K=1.01$

混纺比计算公式如下:

$$P_2(\%) = 100 - P_1$$

$$P_1(\%) = \frac{m_1}{m_0} \times K \times 100$$

式中:P_1—— 未溶解组分的纤维含量干重百分比,%;

　　　m_1—— 未溶解组分的纤维含量干重;

　　　m_0—— 纤维总含量干重;

　　　K—— 未溶解纤维在试剂中处理的质量修正值;

　　　P_2—— 溶解组分的纤维含量干重百分比,%。

第二节　可水溶 PVA 纤维

1　可水溶 PVA 纤维的研究与产业发展现状

PVA 是聚乙烯醇(Polyvinyl Alcohol)的简称,它能溶于水,水温越高则溶解度越大,但几乎不溶于有机溶剂。PVA 的溶解性随醇解度和聚合度而变化,部分醇解和低聚合度的 PVA 溶解极快,而完全醇解和高聚合度 PVA 则溶解较慢。PVA 外观为白色粉末,是一种用途相当广泛的水溶性高分子聚合物,性能介于塑料和橡胶之间,它的用途可分为纤维和非纤维两大用途。

1924 年由德国 P. H. 赫尔曼和黑内尔合成聚乙烯醇,30 年代制成纤维,名为津托菲尔(Synthofil),由于它溶解于水而不能作为纺织纤维,主要用作手术缝线。1939 年日本樱田一郎等人研制成功聚乙烯醇的热处理和缩醛化方法,PVA 纤维(我国商品名为维纶)才成为耐热水性良好的纤维。维纶纤维因性能与棉花相似,其强度、耐磨、耐晒、耐腐蚀性比棉花好,密度比棉花低,吸湿率接近棉花,当时在日本、朝鲜、中国得以大力发展,解决衣着问题。但是,随着使用性能更加优良的涤纶、锦纶和腈纶的崛起以及维纶纤维抗皱性和染色性差、尺寸不稳定等缺点,使其在服用领域的应用受到限制。目前,人们又把目光转向聚乙烯醇的水溶特性,利用其水溶性,生产水溶性差别化维纶纤维。

1.1 水溶性 PVA 纤维的研发历程

日本是最早开发水溶纤维的国家,20 世纪 60 年代就投入了工业化生产,90 年代日本可乐丽公司采用"溶剂湿法冷却凝胶纺丝法"制得水溶温度范围为 5～90℃的"K-II"聚乙烯醇水溶性纤维,目前它几乎垄断了低温水溶 PVA 市场。

我国开发水溶纤维最早的是北京维纶厂,产品于 1985 年通过鉴定。其后,各维纶厂相继开发水溶纤维。湖南湘维有限公司于 1991 年开始研制水溶纤维,用聚合度 1 700～1 800 的 PVA 生产出 90℃左右的水溶纤维,1994 年通过省级鉴定,产品除内销外,还出口韩国、美国,创造了较好的经济效益。上海石化维纶厂于 1996 年成功开发出 70℃左右的水溶维纶,并已开始批量生产,这些水溶纤维在溶解温度以下性能稳定,具有良好的白度、抱合力和抗静电性。四川维尼纶厂与四川大学合作,采用干湿法和湿法凝胶纺丝技术制造 10℃、50℃、60℃和 70℃等系列低温水溶纤维。

1.2 水溶性 PVA 纤维的生产

水溶性 PVA 纤维是 PVA 溶液经纺丝后在干热条件或凝固浴中凝固,然后经牵伸、干燥,并经热处理加工而形成的纤维。水溶性 PVA 纤维可由常规湿法纺丝、有机溶剂湿法纺丝、干湿法纺丝、干法纺丝、半熔融法纺丝等工艺进行生产。

1.2.1 湿法纺丝技术

(1)水系湿法纺丝:以水为溶剂,以芒硝溶液为凝固浴,选择合适的聚合度和醇解度的 PVA,以适宜的工艺条件,可制得水溶温度较低的水溶性纤维。但是,当醇解度降低到某种程度时,就会因水洗芒硝后干燥发黏而无法正常纺丝。用此法制得的水溶性纤维的截面常为复合形,如哑铃形截面,纤维径向不均匀,导致其物理机械性能有一定的限制。

(2)有机溶剂系湿法纺丝:采用有机溶剂湿法纺丝可制得横截面为圆形的纤维,一般纺丝原液黏度控制在 5～200 Pa·s。对于不能水洗的水溶性 PVA 纤维,可采用此方法。DP(聚合度)为 1 700、DS(取代度)为 95% 的 PVA,溶剂为毒性较小的 DMSO,质量比为 75/25 的甲醇/DMSO 的混合物作凝固浴,可制得低于 45℃的水溶性 PVA 纤维。东华大学曾用 PVA1788 为原料,制得强度在 3.92 cN/dtex 以上、30℃可溶的 PVA 纤维。

(3)干喷湿纺法:纺丝溶液从喷丝头压出后,进入凝固浴。干喷湿纺的显著优点是由于纺丝液细流出喷丝孔后,先通过空气层,纺丝速度可比一般湿法纺丝高 5～10 倍,大大提高了生产效率,可制得在低于 100℃的水中可溶的 PVA 纤维。

1.2.2　干法纺丝与其他纺丝技术

（1）增塑熔融纺丝法：PVA的熔点与其分解温度非常接近，不能直接进行熔纺，宜采用增塑熔融纺丝法。通过乙烯醚改性，可将PVA的熔融温度稍稍降低，但温度降低并不显著。东华大学曾对甘油增塑的DP为1799的PVA的流变性和可纺性进行研究，制得约30℃的水溶PVA纤维。有专利指出用乙烯改性聚醋酸乙烯酯再进行皂化，所得改性PVA进行熔纺可制得性能优良的水溶性纤维。

（2）溶剂湿法冷却凝胶纺丝法：日本仓敷公司首创了溶剂湿法冷却凝胶纺丝法生产绿色纤维。作为原液溶剂与渗透剂的有机溶剂都是在封闭系统中完全回收并循环使用，没有废液排放出来，不会污染环境，值得推广。可乐丽公司利用这项技术研制出水溶温度小于5℃的K-Ⅱ纤维（WJ2）。

1.3　水溶性PVA纤维的应用

（1）用于伴纺伴织：将水溶性PVA纤维作为中间纤维与其他纤维混纺，经纺织加工后，溶出水溶性纤维，得到高支高档纺织品。据国际羊毛局资料介绍，平均直径小于19 μm的羊毛产量仅占澳毛总产量的5%，而20～30 μm的羊毛产量占总产量的65%，两者价格相差50%以上。因此，日本可乐丽公司与国际羊毛局（IWS）在1993年共同开发利用水溶性纤维的低温水溶性，以10%～20%的比例和羊毛混合纺纱、织造，然后在染色、整理阶段将水溶性纤维溶解除去，其结果可以使羊毛支数提高20%左右，并增加羊毛纤维间的空隙，使羊毛织物轻量化、柔软化，更具蓬松性和保暖性，可见图3-10（c）。由于PVA纤维的增强效果使羊毛的纺织生产工艺性得到提高，从而使羊毛的原料使用范围扩大。水溶纤维与棉、麻等天然纤维混纺可改变纱线内部结构，增大纱线内部纤维间缝隙和毛细孔隙，从而改变织物的透气性，降低捻度使纱线松软、蓬松，织物手感更柔和，悬垂性进一步提高，面料更轻薄，吸湿排汗，衣着更舒适。采用这种方式纺高支纱，改变了传统精梳纺纱工艺，缩短了工艺流程，用一般的原料即可，大大节约原料成本。

（2）生产超细纤维：将水溶性PVA与尼龙、聚酯、聚乙烯、聚丙烯等制成复合纤维，经拉伸处理后，再用水洗去PVA，可以获得单丝线密度为0.1 dtex以下的超细纤维。

（3）作为绣花基布：绣花基布主要作为服装行业绣花的骨架材料，可单独绣花，也可与其他服装面料衬在一起使用。使用可溶性PVA非织造布为绣花基布，若在基布上绣上所需图案后，再溶去PVA成分，可获得图案美观、表面平直、富有立体感的花边（图3-10），使传统的花边制造业有了突破性的发展；若在织物＋基布上绣花，绣花完成后溶去基布，可改善缝制工艺，同样使绣出的花形平直美观（图3-11）。

（4）针织品自然剪割：在针织加工时使用水溶纤维长丝作为分割纱，可以实现无刀裁剪。如在织袜过程中，在2只袜子的连接处使用水溶性纤维，既可以保证织制的连续性，又可以在织成后经热水处理将连接的袜子分开。

（5）无纺布生产：利用水溶性纤维的水溶性，在其他纤维中加入少量的水溶性纤维，经混梳制成纤维网，水溶性纤维的溶化溶胀部分与其他纤维黏合成整体，制成无纺布。

（a）可溶性 PVA 基布　　（b）在 PVA 在基布上绣花　（c）溶去 PVA 基布后的花边 1　（d）溶去 PVA 基布后的花边 2

（e）溶去 PVA 基布前的花边　　　　　　　　　（f）溶去 PVA 基布后的花边 3

图 3-10　以 PVA 可溶性非织造布为基布的各类花边

（a）绣花　　　　　　　　　　　　　（b）溶去 PVA 基布后的绣花布

（c）溶去 PVA 基布后的各种绣花布

图 3-11　织物＋基布的绣花布

（6）无捻织物生产：将水溶性 PVA 纤维与其他单纱合股逆捻，或采用包缠纱生产技术，用水溶性 PVA 纤维作为包缠纤维包缠短纤维纱条，织成织物后溶去水溶性 PVA 纤维部分，得到织物中的纱线无捻效果，主要用于制造无捻毛巾、浴巾、婴幼儿用品、宾馆用品、体育用品等，如图 3-12 所示。使用水溶性 PVA 纤维作为包缠纤维形成包缠条（或

图 3-12　无捻毛巾

纱)加工纺织品,既满足了织造过程所需的强度,又使退维后纤维在纱中呈单纤、无捻或弱捻状态,增大了纤维间的空隙,改善了制品的光泽、柔软性、保暖性,提高了制品的吸水性。

(7)无纬毛毯:用水溶性维纶长丝代替不溶的普通纱作纬纱,生产针织毛毯基布,经过洗涤、烘干及缩绒后,维纶丝在热水中溶解并被洗除,从而获得无纬毛毯的效果,搭接纤维将使布料有足够的强度满足后道生产的需要。

(8)均匀上浆:将水溶性 PVA 纤维包缠于纱线表面,或用2%~5%的水溶性 PVA 纤维与其他纤维进行混纺,然后在一定水温下处理,纱线表面形成一层完整的黏着层,起均匀上浆的作用,同时提高织物的耐磨性,防止起毛起球。

(9)加工花透织物:将水溶性 PVA 纤维与其他非水溶性纺织纤维混纺或交织,通过水溶性 PVA 纤维部分的溶解,可以形成花透织物(亦叫烂花织物),特别适用于格子组织的花透织物。

(10)假缝缝纫线:为防止针织布边和毛织物在漂洗或染色过程中发生卷缩,假缝不可少。水溶性缝纫线也可用于洗衣房收集被洗衣物的粗布袋的缝纫,水溶性长丝缝纫线在热水中迅速溶解消失,从而将粗布袋松开,并且将衣服和粗布袋一起洗净。

2 水溶性 PVA 纤维种类

水溶性 PVA 纤维分长丝和短纤维。日本可乐丽(Kuraray)公司生产的低温水溶性 PVA 即可乐纶 K-Ⅱ纤维的各种规格及强伸度如表3-9所示。

表3-9 可乐纶 K-Ⅱ纤维的规格及强伸度

类型	溶解水温/℃	线密度/dtex	切断长度/mm	强度/cN·dtex⁻¹	伸长率/%
WN2	20	1.7	38	5	20
		2.2	51		
WN4	40	1.2	38	7	15
		1.7	38		
		2.2	38,51,75B		
WN5	50	1.7	32,38	7	15
		2.2	32,38,51,75B,85B		
WN7	70	1.7	38	7	12
		2.2	51		
WN8	80	1.4	32,38	8	11
		1.7	32,38		
		2.2	51,85B		
		2.2	75B	7	15
WQ9	95	1.7	38	9	10
		2.2	51,75B		

注:"B"指长度可变。

中国石化四川维纶厂生产的水溶性维纶条的规格如表 3-10 所示。

表 3-10　水溶性 PVA 纤维毛条规格

类　　型	S-7 牵切条	S-8 牵切条	S-9 牵切条
单丝线密度/dtex	$(1.00\pm0.10)\,M$	$(1.00\pm0.10)\,M$	$(1.00\pm0.08)\,M$
纤维长度/mm	88.0 ± 5.0	88.0 ± 8.0	88.0 ± 8.0
条重/g·m^{-1}	$N\pm1.5$	$N\pm2.0$	$N\pm2.0$
溶解温度/℃($\leqslant$)	75	85	100
干断裂强度/cN·dtex^{-1}($\geqslant$)	—	—	4.0
并丝/mg·(100g)$^{-1}$($\leqslant$)	50	50	25
热水不溶物/%($\leqslant$)	0.15	0.12	0.12

注：M 和 N 值视用户要求而定。

我国湖南湘维生产的可溶性维纶短纤维有 1.44 dtex×44 mm、1.56 dtex×38 mm 和 2.00 dtex×38 mm 等规格。

3　可溶性 PVA 纤维结构和水溶机理

3.1　结构特征

（1）聚合度（DP）：PVA 的 DP 与其水溶性的关系见图 3-13。由图可见，随着 DP 的增加，纤维疏水性增加，水溶温度相应提高。所以，采用低 DP 的 PVA 进行纺丝，可得到水溶温度较低的纤维。但 DP 降低，可纺性变差。日本专利中使用低 DP 组分（小于 800）与高 DP 组分（大于 1 000）进行混合纺丝，制得的纤维的可纺性及水溶性都较理想。

图 3-13　PVA 聚合度与水溶温度的关系

（2）醇解度：由较高醇解度的 PVA 原料如 PVA-1799 和 PVA-1798 形成的纤维，水溶温度较高，一般为 85℃。利用冻胶纺丝技术，可采用低聚合度和醇解度的 PVA 原料，如 PVA-1788、PVA-1792、PVA-1088，使纤维的水溶温度大大降低，得到水溶温度为 5～80℃的水溶纤维。

3.2　形态结构

PVA 纤维的形态结构和可溶性 PVA 伴纺纱溶解前后的纱线截面如图 3-14 所示。采用的纺丝方法不同，可溶性 PVA 纤维的截面也不同。可乐纶 K-Ⅱ 采用溶剂湿法冷却凝胶纺丝法，纤维截面呈圆形，结构致密，无皮芯结构，与普通 PVA 纤维的腰圆形、皮芯结构截面完全不同。由于普通 PVA 纤维采用常规湿法纺丝，原液从喷丝头挤出后在凝固液中,溶剂由外到内缓缓脱溶,首先脱溶的纤维表面形成硬的表面层,使纤维的表面和内部形成不均一的结构,使品质难以稳定化,强度的提高也有限。

（a）K-Ⅱ纤维截面

（b）常规 PVA 纤维截面

（c）PVA 纤维溶解后的纱线

（d）PVA 纤维溶解前的纱线

图 3-14 PVA 纤维形态结构电镜图

4 水溶性 PVA 纤维的水溶解性能

4.1 水溶机理

水溶性 PVA 纤维的溶解过程包括膨润和溶解分散两个阶段。将水溶性 PVA 纤维放在一定温度的热水中,随着水温的提高,纤维逐步膨润,随之产生收缩;当水温继续提高,纤维轴方向达到最大收缩率时,纤维就被溶断成胶状片断;进一步提高水温或延长处理时间,PVA 就以分子形式溶解分散而成为均匀的溶液。其溶解过程如图 3-15 所示。

图 3-15 PVA 纤维在水中溶解的示意图

纤维的膨润可看作组成纤维的高分子与溶剂的结合,即由溶剂化产生的局部溶解。纤维膨润时,溶剂渗入非晶区。膨润时一般呈现各向异性,纤维长度方向的膨润小,而纤维径向的膨润较大。溶解时非晶区首先膨润和溶解,晶区的溶解通过增加非晶区内的超亲水性基团,如酰胺基、羧酸基等极性基团,增加非晶区的渗透压;同时,超亲水性基团的引入降低结晶性,从而改善纤维水溶温度。通过逐步升温溶解,或进行纤维超拉伸,将晶区内的大颗粒晶粒破碎为小颗粒晶粒,使水分子易渗入晶区内部,逐步溶解。

4.2 水溶解度

水溶性维纶纤维的水溶解度与水处理温度、水处理时间、升温过程有关。在温度一定时,增加水处理时间,水溶性维纶纤维的溶解度增加;当时间一定时,提高水处理温度,溶解度增加,如图 3-16 所示。

图 3-16　PVA 溶解率与水溶温度的关系

4.3　水溶收缩率

水溶 PVA 纤维在水中首先溶胀，表现为纤维直径增加，而长度缩短。各类水溶性 PVA 的收缩率随温度和湿度的变化规律如图 3-17 和图 3-18 所示。（图中数据是在负荷为 2 mg/dtex、升温速度为 1℃/min 时测定的）

图 3-17　PVA 收缩率与水溶温度的关系

图 3-18　PVA 收缩率与相对湿度的关系

第三节　可再生 PET 纤维

1　可再生 PET 纤维的研究与产业发展现状

把回收的聚酯瓶或聚酯产品中的添加剂、着色剂分离出去,还原成与用石油制造的原料相同等级的高纯度聚酯原料,然后用这种聚酯原料进行纺丝,形成再生 PET(聚酯)纤维。

日本帝人公司从 1995 年开始出售用废聚酯瓶料生产的聚酯纤维,其应用范围已扩大到服装、床上用品、室内和厨房用品。日本三菱公司用再生粒子纺出 Y 形截面的异形长丝,其规格有 80 dtex/36 F 和 120 dtex/36 F。

美国伊斯曼公司早在许多年前就开始用聚酯废料和废聚酯瓶片生产各种纤维,成为美国领先的环保型工厂;美国 Dyersburg 织物公司用废聚酯瓶料生产的纤维制造绒面布;美国 Wellman 等公司利用再生聚酯纤维和其他纤维混纺,开发户外用面料及运动服。意大利 ORV 公司每年用废聚酯瓶碎片生产的短纤维达 35 千吨,纤维细度为 3.3～17 dtex,纤维强度为 30～35 cN/tex,伸长率为 45%～90%,纤维截面有圆形和异形,纤维用途是服装或家具织物的充填料以及用作土工布、屋顶毡基布和绝缘材料的非织造布。

中国再生聚酯纤维行业的发展,主要经历了三个阶段:1983—1989 年,使用台湾地区和韩国转移过来的及国产的小生产线,使用泡泡料,生产 2～6 D(2.22～6.67 dtex)纤维,终端市场为低档针刺无纺布和手套纱等;1996—1999 年,随着聚酯瓶生产和消费的兴起,出现了以瓶片为主要原料、泡泡料为辅助原料的化纤生产线,产品质量大幅提高,出现了 1.5 D(1.67 dtex)棉型和二维中空等部分替代原生纤维的产品;2000 年至目前,是再生 PET 纤维产能扩充的高速发展期,技术进步较为明显,用高洁净度废聚酯瓶片生产出三维卷曲中空纤维(3～15 D 即 3.33～16.67 dtex)、ES 纤维等产品。再生 PET 在填充用涤纶短纤应用领域,对原生涤纶产品的替代作用越来越大。

2　再生 PET 纤维的生产

再生 PET 纤维的原料有两类,一类是回收的 PET 瓶,另一类是回收的 PET 服装等制品。目前大多以回收 PET 瓶为原料,经分类、洗涤、筛选、粉碎形成瓶片,作为化学纤维厂的生产原料。以 PET 服装等制品为原料生产再生 PET 的工艺更复杂,回收的 PET 服装制品首先粉碎成服装碎片,经造粒、脱色及化学反应精制成 DMT(即对苯二甲酸二甲酯),再经聚合形成 PET 高聚物,作为再生 PET 瓶和纤维生产的原料。再生 PET 的生产流程如图 3-19 所示。

废聚酯瓶回收方法分化学回收和物理回收。化学回收是将废聚酯在一定的反应条

图 3-19 再生 PET 纤维生产流程

件下解聚,获得聚酯的基本单体或低聚物,重新合成制得可用于纤维、涂料和制瓶的原料。物理回收分两种方法,一种方法是将废聚酯瓶破碎成片,并将其中的聚乙烯、铝、纸和黏合剂去除,然后将碎片洗涤、干燥、造粒;第二种方法是将聚酯瓶上的非聚酯的瓶盖、瓶座底、标签等通过机械方法进行分离后,将聚酯瓶洗涤、破碎、造粒。这两种方法在工艺上各有特点,第一种回收方法较易形成大规模生产,但技术较复杂,设备较多,投资大;而第二种工艺使用的设备较少,投资省,但只适用于无破损的完整的废聚酯瓶的回收。目前,我国所收集的废聚酯瓶均已被压扁,这主要是从运输方便和合理性考虑的。所以在实际生产中,大多数采用第一种回收方法。

3 再生 PET 纤维的应用

(1) 再生 PET 无纺布:目前的工业化的产品有纺黏 PET 无纺布(PET Spunbond Non-woven)和 PET 熔喷无纺布(PET Melting Blow Non-woven),可用于过滤及营地设施等。PET 无纺布的一个崭新的用途是替代传统的热固性聚氨酯橡胶泡沫用于车座。据美国 Dupont 公司的报道,这种聚酯车座可减轻质量 20%～30%,且易于回收。再生 PET 无纺布产品如图 3-20 所示。

图 3-20 再生 PET 无纺布产品

(2) 服装用机织物:再生 PET 主要生产 6 D(6.67 dtex)以上的纤维,用于粗纺,织制厚实的毛织物和结实耐用的工作服面料,如图 3-21 所示。

(3) 玩具饰品用织物:以再生 PET 织物为原料制作小动物玩具和观赏类小皮夹、布

图 3-21　再生 PET 服装用机织物

饰花等饰品,如图 3-22 所示。这类产品对纤维品质的要求不高,但对安全和生态性的要求较高,符合再生 PET 的品质特点和环保理念。

图 3-22　再生 PET 纤维制作的玩具及饰品

（4）箱包、床品和填充材料:粗的再生 PET 长丝适宜制作对强度和韧性要求较高的箱包产品;而各类床品用纤维采用的是智能型再生 PET;再生 PET 纤维作为填充材料,是常规再生 PET 的主要用途之一。例如,我国生产的再生 PET,其中 35% 为 1.5 D(1.67 dtex)×38 mm 的棉型短纤维,40% 为 6～20 D(6.67～22.2 dtex)的实芯短纤维,15% 为 6～18 D(6.67～20 dtex)的二维中空短纤维,10% 为 3～15 D(3.33～16.67 dtex)的三维中空短纤维,主要用作填充棉及无纺布生产用。再生 PET 箱包、床品及填充材料的典型产品如图 3-23 所示。

图 3-23　再生 PET 纤维制作的背包及床品

4　再生 PET 纤维的种类、结构和特性

4.1　再生 PET 纤维种类

（1）按长度分:有短纤维和长丝两大类。短纤维又有常规短纤和差别化短纤,常规短

纤维主要是 1.5 D(1.67 dtex)×38 mm 的棉型和 6～20 D(6.67～22.2 dtex)的各种长度的短纤维;差别化短纤维有 ES(芯为再生 PET,皮为 PP 或低熔点 PET)、中空和异形纤维。长丝有圆形和 Y 形等异形长丝,用于织制服装用及工业用途的织物。

(2) 按色彩分:有原色纤维、脱色纤维和着色纤维三种,如图 3-24 所示。原色纤维是利用瓶片制成切片,经纺丝形成与瓶片相同色彩的纤维;脱色纤维是将瓶片经脱色处理后制成切片,经纺丝形成的白色纤维;瓶片经脱色处理后再经着色,则形成各种色彩的着色(色纺)纤维。

图 3-24 原色、脱色和着色(色纺)再生 PET 纤维

(3) 按功能分:再生 PET 纤维与常规 PET 纤维一样,可形成阻燃和智能等功能型纤维。

4.2 再生 PET 纤维产品的结构和特性

国际上再生 PET 纤维及其制品的著名商标有 Eco-PET®、Eco-Spun®、Eco-Fi™ 和 Eco-Max™,分别由日本帝人纤维株式会社(Teijin Fibre Co. Ltd)、美国韦尔曼国际公司(the U. S. Company Wellman Inc.)、美国 FOSS 公司(FOSS Manufacturing Company,LLC)和台湾富胜纺织公司(Ecomax Textile Co. Ltd)生产,商标 Logo 如图 3-25 所示。主要品种的再生 PET 纤维的结构特性如表 3-11 所示。

图 3-25 再生 PET 纤维国际著名商标

83

表 3-11　主要品种的再生 PET 纤维的结构特性

序号	纤维品名及结构特性	生产企业	产品用途
1	Circus™：独特的小气候控制和湿汽管理，高度蓬松和弹性，无与伦比的豪华与舒适	韦尔曼国际公司（爱尔兰）	
2	Dreamfil™：具有二维和三维卷曲，绝热保暖性能显著提高 35%，质轻、柔软、悬垂性优良	韦尔曼国际公司（爱尔兰）	
3	Eco-Circle®：对废弃聚酯产品等进行化学处理而得到，具有与石油生产的产品同样稳定的品质	日本帝人纤维株式会社	
4	Eco-PET®：以回收聚酯瓶产品为原料加工而得到，可加工服装、工程用非织造织物和填充材料	日本帝人纤维株式会社	
5	Eco-Max™：再生 PET 原色纤维	Ecomax Textile Co. Ltd	
6	Eco-Max™：再生 PET 着色长丝	Ecomax Textile Co. Ltd	

5　再生 PET 纤维鉴定

　　再生 PET 与原生 PET 纤维的物理化学性能及结构特征无本质上的区别。因此,这两种纤维的制品原料的区别,在现有技术条件下是困难的。目前是通过第三方认证来鉴定再生 PET 纤维,如天祥已开展再生 PET 产品的认证业务,其认证标志如图 3-26 所示。

图 3-26　再生 PET 纤维认证标志

第四章　产业化高性能纤维

第一节　弹性纤维
——氨纶、PTT、T400 和 DOW XLA

1　弹性纤维的研究与产业发展现状

弹性纤维是指具有高延伸性和高回弹性的纤维或丝束,但不同国家或地区有不同的定义。按美国材料试验协会对弹性体的定义,是指在室温下将材料反复拉伸至原长 2 倍以上,释放拉力后能迅速回复至原长的材料;对聚氨酯弹性纤维,则是拉伸至原长 3 倍后,释放拉力能迅速回复至原长的纤维。根据弹性机理差异,弹性纤维可分为软、硬链段镶嵌的本征弹性纤维(如氨纶、橡胶丝、热塑性聚酯弹性体)以及形态弹性纤维(如通过后道机械加工或由于自身收缩性能差异而获得的卷曲结构的双组分复合纤维)。根据弹性大小,又可分为高弹性丝(弹性伸长率为 400%～800%)、中弹性丝(弹性伸长率为150%～390%)、微弹性丝(弹性伸长率为 20%～150%)和低弹性丝(弹性伸长率小于 20%)。

近年来,纺织品对弹性纤维的要求愈来愈高,为了适应不同类别的弹性织物的需要,除了氨纶弹性纤维外,目前还开发了许多新的弹性纤维,主要有聚酯类弹性纤维(PTT 和 PBT)、聚醚酯类弹性纤维(PET 硬链段/PEO 软链段)、聚烯烃类弹性纤维(如 DOW XLA)、双组分复合卷曲纤维(PET/PTT 双组分并列,如 T400)等。这些弹性纤维各有其特有的优点,同时也存在不足。

1.1　氨纶弹性纤维

氨纶是学名为聚氨基甲酸酯纤维在我国的商品名,英文学名为"Polyurethane Fibre",简写为 PU,也称为聚氨酯弹性纤维(Elastane Fibre,国际代码 EL)。世界上通称为"斯潘特克斯"(Spandex)。在中国标准中,氨纶指聚氨酯弹性纤维(Polycarbamate);欧盟称其为"Elastane"或"Polyurethane"。而"Elastane"在中国标准中指弹性纤维,不特指氨纶。

氨纶是弹性纤维中开发最早且应用最广、生产技术最为成熟的弹性纤维品种。德国 Bayer 公司于 1937 年首先合成聚氨酯类聚合物,并申请了专利。美国 Dupont 公司于

1959 年开始工业化生产,其商品名为"Lycra®"(莱卡),是目前最著名的氨纶纤维品牌,几乎成了氨纶的代名词。除了莱卡以外,Toplon® 和 Creora®(韩国晓星公司)、Roica®(罗依可,日本旭化成)、Dorlastan®(多拉斯坦,德国拜耳公司)等都是世界著名公司开发的氨纶商标,使用时需加商标号,且不能用以替代氨纶。我国目前氨纶生产厂主要有英威达氨纶(佛山)有限公司、浙江华峰股份有限公司、晓星氨纶(嘉兴)集团有限公司、江苏双良特种纤维有限公司、浙江薛永兴氨纶有限公司和烟台氨纶股份有限公司等。

氨纶在织物中的用量虽很小,但能改变织物的拉伸效果,使人体有关部位的压迫感和活动的自由感获得改善,可称为衣料中的"味精"。

氨纶有极好的伸缩弹性,延伸度可达 450%～800%,松弛后又可迅速回复原状,具有柔软舒适感,有良好的耐化学药品、耐油、耐汗水、不虫蛀、不霉、在阳光下不变黄等特性。

但氨纶纤维的强力较低,一般不能裸用;不耐氯漂和微生物,在泳装中使用受限;纤维难以染深色,在织物中易露白,染色后弹性易受损;耐疲劳性差。

1.2 PTT 弹性纤维

PTT 即聚对苯二甲酸丙二醇酯(Polytrimethylene Terephthalate),是由对苯二甲酸(TPA)和 1,3-丙二醇(PDO)经酯化缩聚而成的聚合物。PTT 纤维是一种新型聚酯纤维。1995 年壳牌化学公司正式向市场推出 PTT 树脂,商品名为"Conem®"。2000 年杜邦公司推出 PTT 树脂,商品名为"Sorona®"。

日本旭化成公司从壳牌化学公司购买了 3GT(PDO 聚合物家族的通称)的聚合体生产技术,制造纤维并出售。2002 年,旭化成与帝人公司合并各自的 PTT 纤维业务成立合资公司 Solotex,推出的纤维商品名为"Solo®"。Solotex 公司负责两家公司的 PTT 聚酯及其纤维的产销,PTT 产能约为 5 000 吨/年。2002 年东丽工业公司和杜邦达成综合性协议,杜邦公司转让其先进的杜邦 Sorona® 聚合体技术,东丽公司在日本生产其纤维并在亚洲市场销售;东丽也生产 PTT 与涤纶形成的双组分纤维和共纺纤维,由东丽—杜邦合资公司在日本国内销售。

中国台湾省的华隆公司、工业技术研究所和纺织研究中心三家合作,成功开发了 PTT 纤维商业生产工艺,生产规模为 5 000 吨/年,为避免与涤纶和尼龙竞争,主要生产 82.5 dtex 以下的特殊品种。2000 年上海华源股份有限公司与壳牌公司达成协议,合作开发 PTT 纤维及纺织品,旨在成为全球最大的 PDO 和 PTT 生产商,抢占氨纶和尼龙等弹性纤维的市场。2004 年,泉州海天轻纺集团经杜邦公司正式授权,使用杜邦 Sorona® 聚合物开发、生产并销售 PTT 短纤维、纱线及其织物。这是中国大陆第一家获得杜邦公司许可的 PTT 短纤维生产厂。盛虹集团用全新的技术和工艺试制了 PTT 记忆纤维,成功打破国外企业对 PTT 核心技术的垄断,并创下了世界纺织 PTT 领域工艺技术史上的多项纪录,是我国纺织产业拥有自主知识产权的高新技术产品,标志着我国在 PTT 领域进入国际一流水平。

PTT 纤维综合了锦纶的弹性、耐磨性和耐疲劳性与腈纶的蓬松性、柔软性和染色性以及涤纶的抗皱性、尺寸稳定性和良好的耐热性,并具有三维拉伸回复弹性的特点,但其延伸性能不及氨纶,属微弹性纤维。

1.3 T400 弹性纤维

T400 是英威达公司生产的 PET/PTT 并列型双组分弹性纤维的注册商标,称之为"Easy Fit Lycra®",因高度的卷曲使纤维具有优良的延伸性和弹性回复率。双组分复合卷曲纤维是一种由结构和性能不同的两种聚合体,按照一定比例通过共轭纺丝形成双组分复合丝而制成的卷曲弹性纤维。其弹性不是基于分子链中硬和软组分的运动,而是纤维中两种组分的收缩或伸长的差异,经热处理后,纤维在内应力作用下形成螺旋或波浪状卷曲。这种卷曲状的纤维具有不同程度的伸缩性和弹性,其弹性随两种聚合物的化学组成、分子结构、在纤维中的分布状态以及两种组分的比例不同而不同。

T400 弹性纤维用于需要中等弹力的织物,其弹性回复率、布面平整度优于 PBT 和 PTT 弹性纤维织物,手感柔软,耐氯洗和紫外线,染色效果好。

1.4 DOW XLA™(陶氏 XLA™)弹性纤维

DOW XLA™弹性纤维是 2002 年由陶氏化学(Dow Chemical)公司开发的聚烯烃基类纤维。2004 年 10 月,陶氏化学公司在西班牙塔拉戈纳建立了 DOW XLA™纤维生产厂;2005 年 9 月,在法国里昂举办的内衣展上,瑞士陶氏化学公司纺织纤维业务部(Dow Fibre Solutions)向游泳市场介绍了新型 Lastol 纤维——DOW XLA™纤维。2006 年 10 月,在上海浦东新国际展览中心举行的上海国际纺织面料及辅料(Intertextile Shanghai)博览会上,陶氏纺织纤维业务部宣布推出业界首款采用 DOW XLA™纤维技术的可机洗防皱弹性毛料,该产品经反复洗涤、甩干与干洗仍不变形,具有优异的形状保持性能。陶氏 DOW XLA™被广泛运用于牛仔布、免烫衬衫、裤子、西装、泳衣、运动衣等产品。

DOW XLA™纤维有三个独有的特点:(1)耐高温,可以承受 220℃的温度;(2)耐强酸、强碱等强化学剂的侵蚀;(3)能够抗御剧烈的加工条件,在经过水洗、漂白、染色、涂层和黏合等处理后,不会影响其固有的弹性。

在 DOW XLA™问世之前,氨纶已经在弹性纤维领域得到广泛的应用,陶氏化学公司纺织纤维业务部表示,研发 DOW XLA™弹性纤维并不是为了取代氨纶,而是针对氨纶产品所达不到的性能或尚未应用的领域,以弥补或填充氨纶在市场应用上的不足。

欧盟委员会已分别发布指令 2006/3/EC 和 2007/3/EC,提出将新型弹性多聚酯(Elastomultiester)及弹性聚烯烃(Elastolefin)添加到 96/74/EC 指令的纤维列表中。2006/3/EC 指令将弹性多聚酯纤维定义为由两种以上含有酯基的不同线型大分子形成的弹性纤维;2007/3/EC 指令将弹性多烯烃纤维定义为由 95% 部分交联的乙烯基和至少一种其他烯烃组成的弹性纤维。从以上纤维定义可知,这两种纤维在结构上明显不同于氨纶。在美国的纺织纤维产品鉴别法案条例"16 CFR Part 303"中,弹性多聚酯纤维和弹性多烯烃纤维的名称分别为"Elasterell-P"和"Lastol"。

2 弹性纤维的结构及弹性机理

氨纶和DOW XLA™均由两种不同结构的大分子链交联形成网状结构,分别如图4-1和图4-2所示。

氨纶大分子链是由低熔点、无定形的"软"(soft)链段为母体和嵌在其中的高熔点、结晶的"硬"(hard)链段所组成,柔性链段分子链间以一定的交联形成一定的网状结构,由于分子链间相互作用力小,可以自由伸缩,造成大的伸长性能;刚性链段分子链间的结合力比较大,分子链不会无限制地伸长,使纤维具有很高的回弹性。

软 硬 软 硬 软 硬 软 硬 软

图 4-1 氨纶纤维结构

图 4-2 DOW XLA™纤维结构

DOW XLA™纤维是采用陶氏的专利技术在低结晶度时生产的独特的聚烯烃弹性纤维,它的弹性机理不同于Spandex(氨纶)的软、硬链结构,而是两种不同交联结构形成的分子网状结构。非结晶体区(图4-2中A)中的柔性长链形成交联网络,与高分子的结晶体(图4-2中B)并存,起物理连接作用。DOW XLA™纤维的弹性是由分子的结晶度、柔性链的长度和交联网络的多少决定的。与常规热塑性纤维不同,DOW XLA™纤维的耐热性不是来自晶体,而是柔性链之间的共价交联网络在起主要作用。随着温度的升高,结晶体渐渐熔化,在大约80℃时完全消失。而整个分子网络由于存在共价交联结构,在温度高于220℃时,仍可保持其完整性。结晶体网络可逆向变化,当温度降至周围环境温度时,可重新形成结晶网络。

PTT和PBT作为新型聚酯弹性纤维,与PET纤维相比具有更好的弹性,其结构如图4-3所示(自左到右分别为PET、PTT和PBT结构示意图)。其原因在于PTT和PBT的分子结构与弹性纤维和变形丝不同,PBT和PTT纤维的弹性取决于其子结构与排列。由于PBT比PET多2个亚甲基,可使内旋转增多,并在应变过程中产生α与β晶型的可逆转变,松弛状态下为α晶型,呈螺旋构象;拉伸状态下,呈β晶型。通常α型为稳态,β型为非稳态,并具有向α型转变的趋势,因此具有弹性机制。PTT的分子结构中存在3个亚甲基单元,这种奇数亚甲基结构使PTT纤维较PET和PBT有更优良的回弹性。

PET
2GT

Sorona®
3GT™

PBT
4GT

图 4-3 PET、PTT 和 PBT 纤维结构

89

三者的回弹性能顺序为 PTT > PBT > PET。PTT 的空间结构由曲折的亚甲基链段和硬直的对苯二甲酸单元组合而成,结果形成沿纤维轴向的"Z"字形结构。PTT 分子构象的"Z"弹簧特征与易改变的三亚甲基的空间构型,使其具有较好的螺旋弹簧结构。

T400 弹性纤维的弹性机理与氨纶、PTT 和 DOW XLA™ 纤维完全不同,它是通过 PTT 和 PET 双组分纤维的热收缩能力不同,形成类似弹簧的永久卷曲,如图 4-4 所示,收缩率小的 PET 组分分布在纤维卷曲外侧,收缩率大的 PTT 分布在纤维卷曲内侧。

(a) 大分子链结构模型　　(b) 纤维形态结构　　(c) 卷装中的纤维卷曲　　(d) 加热后的纤维卷曲

图 4-4　T400 纤维结构图

3　弹性纤维的性能比较

(1) 拉伸性能:氨纶、DOW XLA™ 和 T400 弹性纤维的拉伸曲线如图 4-5 所示。

氨纶和 DOW XLA™ 有着很相似的拉伸曲线,开始有相当长的小应力、大应变的伸长阶段,应变达到 300% 的时候,应力才有很明显的增加,直至断裂,其应力—应变曲线不存在显著的屈服区域。

T400 的小应力、大伸长阶段相对较短,在应变达到 150% 的时候,强度开始快速增加,应力—应变曲线表现出和常规纤维一样的拉伸曲线特征(存在线性区、屈服区和强化区),即 PTT/PET 双组分复合纤维的力学特征,依次出现线性变形阶段和屈服区域。根据文献介绍,该纤维共出现两次屈服,在应变达到 250% 左右时发生断裂。

图 4-5　三种弹性纤维的应力—应变曲线　　　　**图 4-6　PTT 弹性纤维的应力—应变曲线**

PTT 纤维属微弹性纤维,其伸长能力远小于氨纶、DOW XLA™ 和 T400 等中高弹性纤维,其应力—应变曲线如图 4-6 所示。刚开始拉伸时,PET 纤维的强度明显高于 PA 和 PTT 纤维,反映在 PE 和 PTT 的初始模量比 PET 小。PTT 纤维的拉伸曲线有一个不同于其他纤维的特征:曲线呈现两个微弱的屈服区。第一个屈服区发生在应变5%左右,屈服区之前应力和应变呈线性关系,应变5%~10%时,应力增长缓慢,应变则增加较快,在应变10%~20%时曲线斜率较大,应力增加较快,应变增加缓慢;第二个屈服区发生在应变20%左右,此后曲线趋于平缓。这一特点在PTT短纤维的拉伸曲线上更加明显,而其他纤维的拉伸曲线基本上只有一个屈服区。

(2)弹性和松弛:在纤维的弹性范围内(断裂伸长率的80%)设定不同的定伸长率,对氨纶、DOW XLA™和T400三种弹性纤维进行三次定伸长循环试验,结果如图4-7所示。三种纤维在250%定伸长率内的弹性回复率都在98%以上。两根循环曲线间的偏差表明了纤维的松弛特性,偏差越大,说明松弛愈小。氨纶和DOW XLA™的松弛较为明显,T400较小,而且有一个很独特的现象——第三个周期的定伸长回复率略大于第一个周期的定伸长回复率,表明该纤维经过反复拉伸后还能保持优良的回复性能。

图4-7　定伸长回复试验

(3)耐热性:DOW XLA™弹性纤维的耐高温性优于氨纶,在25℃时,氨纶和DOW XLA™纤维的形态完整,表面光洁;而在220℃时,氨纶已断裂分解成碎片,DOW XLA™纤维却仍然保持原来的形态,未发生分解断裂。

虽然DOW XLA™在220℃时其物理机械性能已发生很大变化(因为结晶体在80℃左右时已熔化),但由于共价键交联网络结构未遭到破坏,仍然可以保持纤维形态的完整。结晶体的熔化和重结晶是可逆变化,当温度降至室温时又重新建立结晶体网络,纤维的物理机械性能基本得到恢复,所以这种弹性纤维适合制成有耐热要求的纺织产品。由于在染整加工时不易损伤,尺寸稳定性很好,不易伸长变形和起皱,因而用这类纤维制成的纺织品无需预热定形加工,而其他热塑性纤维的纺织品则需要进行预热定形,以提高其加工稳定性。所以DOW XLA™纤维适合与蚕丝、羊毛、腈纶、锦纶以及其他对高温敏感的纤维混纺或交织,也适合与需要热定形加工的纤维混纺或交织。

PTT的T_m在230℃左右,低于PET(265℃)和PA66(256℃);其T_g与PA6相似。PTT纤维的低熔点、低玻璃化温度及其结晶结构的特点,直接改善了它的染色性能,可以采用沸染温度染色,特深浓色泽染色需105~110℃;一般上染速度在85℃后明显增快,所以应减慢升温速度,其上染率随温度升高而明显增加,到沸染结束,基本可达PET纤维130℃染色的上染率。

T400一般在130℃高温下染色,在这个温度下可以较好地实现单一组分同色深浅效应的染色,而且不会明显损失拉伸回复性能。

4 弹性纤维的应用

四种弹性纤维的优劣势及适用性如表 4-1 所示。氨纶具有无可比拟的弹性优势,广泛应用于各类服装。但是氨纶需包覆后才能使用,且存在不耐氯漂、易松弛的缺点。陶氏公司开发的 DOW XLA™ 纤维不需要经过热定形作用,适合应用于毛织物;同时由于其较小的应力、较大的变形,也适合用于婴幼儿服饰;但和氨纶一样,需要包覆后使用,且实验证明也存在松弛现象。T400 纤维通过永久卷曲提供弹性,不需要包覆可直接使用,初始模量较低,手感柔软滑爽,不易松弛,具有极好的耐化学品性,是弹性纤维中的新秀。PTT 纤维本身的弹性不及其他弹性纤维,但可通过变形加工增加其弹性,其力学性能和耐热性与 PET 相当,可在 130℃ 下染色。

表 4-1　四种弹性纤维的应用特点

纤维种类	氨纶	DOW XLA™	T400	PTT
伸长率	400%～800%	200%～500%	200%～300%	30%～50%
弹性回复率	95%～99%(500%)	98%～99%(250%)	99%～100%(250%)	100%(20%)
松弛	明显	显著	不明显	不明显
热稳定性	定形温度不超过175～180℃	耐220℃高温	可高温定形	60℃开始热收缩,100℃达到最大值,收缩率为5%～15%
耐化学品性	不耐碱和氯漂	耐强酸强碱和氯漂	耐氯漂和工业洗涤	耐碱耐氯漂
耐光性	耐光抗老化	很强的抗氙光和紫外线	耐光	耐光
染色性能	难染深色,易损伤弹性	易染色	易染色,温度较低时会出现双色	易染色
适用对象	需包覆使用,不适合泳装	毛织物和耐高温织物	中低弹力织物,弹力保持性优异	中低弹力织物

5 弹性纤维定性和定量鉴别

5.1 定性鉴别

(1)燃烧法:氨纶、PTT、T400 和 DOW XLA™ 这四种弹性纤维均为合成纤维,燃烧特征基本相同,如表 4-2 所示。

表 4-2　四种弹性纤维的燃烧特征

纤维	接近火焰	在火焰中	离开火焰
氨纶	先膨胀成圆形,后收缩熔融	先熔后烧	边熔边烧,缓慢地自灭,特殊刺激性石蜡味,灰烬呈白色橡胶块状
PTT	收缩熔融	先熔后烧	继续燃烧,伴有熔滴,冒黑烟,有刺鼻味,灰烬为褐色蜡片状
T400	收缩熔融	先熔后烧	熔融燃烧,冒黑烟,特殊甜味
DOW XLA™	收缩熔融	先熔后烧	继续燃烧,伴有熔滴,冒黑烟,有石蜡味,残留物呈细而软的絮状黑灰

（2）化学溶解法：四种弹性纤维在常温下的溶解性能如表4-3所示。氨纶可溶解于二甲基甲酰胺（90～95℃）或75％硫酸；DOW XLA™不溶于浓硫酸（95％～98％）；T400纤维可溶于浓硫酸（95％～98％），但不溶于二甲基甲酰胺或75％硫酸。因此，可用浓硫酸和75％硫酸或二甲基甲酰胺鉴别这四种纤维。

表4-3　四种弹性纤维的溶解性能

纤维	浓硫酸（95％～98％）	75％硫酸	冰乙酸	88％甲酸	二甲基甲酰胺（90～95℃）
氨纶	溶解	溶解	不溶	不溶	溶解
PTT	溶解	微溶	不溶	不溶	不溶
T400	溶解	不溶	不溶	不溶	不溶
DOW XLA™	不溶	不溶	不溶	不溶	不溶

5.2　定量鉴别

四种弹性纤维中，氨纶纤维的定量鉴别方法比较成熟，其他弹性纤维的定量鉴别正在研究中。

（1）氨纶：氨纶弹性纤维的含量分析可采用拆分法和化学溶解法。拆分法是把氨纶从其他纤维中手工分离出来，称重并计算混纺比。化学溶解法参照FT/T 01095—2002《纺织品氨纶产品纤维含量的试验方法》，将氨纶或其他纤维用适当的溶剂溶解，将不溶解纤维洗净、烘干、冷却、称重，计算混纺比，其测试方法如表4-4所示。

表4-4　氨纶弹性纤维二组分混纺比测试方法

组分1	组分2	方法和原理	修正系数
氨纶	锦纶或维纶	盐酸法 用20％盐酸溶解组分2	$K=1.00$
	锦纶或维纶	硫酸法 用40％硫酸溶解组分2	$K=1.00$
	棉、麻、黏胶、铜氨、羊毛、蚕丝	二甲基甲酰胺法 用99％二甲基甲酰胺溶解氨纶	棉、蚕丝、黏胶纤维，$K=1.00$ 其他纤维，$K=1.01$
	涤纶、丙纶	硫酸法 用80％硫酸溶解组分1	$K=1.00$
	醋酯纤维、三醋酯纤维	甲酸法 用75％甲酸溶解组分2	$K=1.01$
	醋酯纤维	丙酮法 用馏程为55～57℃的丙酮溶解醋酯纤维	牛奶蛋白纤维，$K=1.01$

（2）DOW XLA™：用化学溶解法鉴别DOW XLA™纤维的混纺比时，由于DOW XLA™纤维的耐化学品性非常优异，因此选择不同浓度的硫酸、次氯酸钠、氢氧化钠、丙酮、甲酸、N，N-二甲基甲酸胺（DMF）、硫氰酸钾、冰乙酸、盐酸等溶解与其混纺的纤维，剩余的DOW XLA™纤维的修正系数见表4-5。

表4-5　DOW XLA™弹性纤维化学溶解法混纺比测试中修正系数

序号	试　剂	试验条件		修正系数 K
		温度/℃	时间/min	
1	浓硫酸(1.84 g/cm³)	25±5	15	1.00
2	75%硫酸	50±5	60	1.00
3	1 mol/L 碱性次氯酸钠	25±2	30	1.00
4	2.5%氢氧化钠	煮沸	20	1.00
5	丙酮	25±5	30+15+15	1.00
6	80%甲酸	25±5	15	1.00
7	N，N-二甲基甲酰胺(DMF)	95	65+30	1.00
8	65%硫氰酸钾	70±2	20	1.00
9	冰乙酸	25±2	20+20+20	1.00
10	20%盐酸	25±5	20	1.00
11	甲酸/氯化锌	70±2	20	1.00

注：数据来源于《质量技术监督》2010年第5期《XLA™弹性纤维混纺产品纤维含量研究》。

第二节　高强高模纤维

——碳纤维、芳纶1414和UHMWPE

高强高模(High Strength and High Moduls)纤维、耐高温阻燃纤维等通常称为超级纤维，我国称其为高性能纤维。关于高强高模纤维，目前尚无确切定义，一般把单位截面的抗张强度大于2 GPa、模量大于50 GPa的纤维或者单位质量的抗张强度(比强度)大于17.7 cN/dtex (20 g/D)、模量大于445 cN/dtex (500 g/D)的纤维称为高强高模纤维。

已经产业化的高强高模纤维主要有碳纤维、芳纶1414和UHMWPE(超高相对分子质量聚乙烯)纤维，并称为三大高性能纤维，它们的强度和模量如表4-6所示。

表4-6　三大高性能纤维的主要特性

纤维类型	学名	我国商品名	著名商标	强度/cN·dtex⁻¹	模量/cN·dtex⁻¹	熔点或分解点/℃
普通纤维	聚酰胺纤维	锦纶(尼龙)	—	3～6	7～26	223
	聚酯纤维	涤纶	—	5～8	61～79	265
高强高模纤维	碳纤维	碳纤维	T300(东丽)	20	1 320	—
	对位芳香族聚酰胺	芳纶1414(芳纶Ⅱ)	Kevlar®(东丽)	19～23.5	400～830	570
			Twaron®(帝人特瓦隆)	24.5	520	—
			Technora®(帝人)			
	超高相对分子质量聚乙烯	超高相对分子质量聚乙烯	Dyneema® SK60(东洋纺/DSM)	26～35	883～1 236	145～155
			Dyneema® SK71(东洋纺/DSM)	35～40	1 060～1 413	145～155
			Spectra® 900(霍尼韦尔)	22～27	633～812	250

三大高性能纤维中,美国杜邦公司的Kevlar®是最早发明的一种,是芳香族聚酰胺纤维,从分子结构来分析,是对苯二甲酸与对苯二胺缩聚而成的。帝人特瓦隆(Teijin Twaron)公司的Twaron®具有相同的结构,是刚性链结构大分子,犹如一根直线。这种刚性聚合物熔体呈液晶状态(溶致性液晶),利用该性质进行纺丝的方法称为液晶纺丝,得到的纤维中大分子链高度取向,纤维力学性能比常规纤维高出2倍以上,大大超过常规纤维,超级纤维的名称由此而得。

1970年之后的10年间,用刚性高分子研制超级纤维不断取得进展。同时,以超高相对分子质量聚乙烯为原料制造Dyneema®和Spectra®等纤维,采用的是新发明的冻胶纺丝方法。虽然聚乙烯是极柔性的聚合物,通过纺丝方法上的创新,同样能得到强度超出刚性分子组成的超级纤维。

1 碳纤维

1.1 碳纤维的研究与产业发展现状

碳纤维的起源可追溯至1860年,英国人亚瑟夫·斯旺将细长的绳状纸片碳化制取碳丝,制作电灯的灯丝;1880年美国发明家爱迪生将竹子碳化成丝作为发光灯丝,开启了碳纤维(Carbon Fibre,简称CF)的先河。将碳纤维作为结构材料的首创者,则以美国碳化合物联合公司(Union Carbide Co.,U.C.C.)为代表,于1959年得到模量为40 GPa、强度约为0.7 GPa的碳纤维;1965年该公司又用相同原料在3 000℃高温下延伸,开发出丝状高弹性石墨化纤维,模量为500 GPa,强度约为2.8 GPa。

1961年,日本大阪工业技术试验所进藤召男博士,以聚丙烯腈(Polyacrylonitrile,简称PAN)为原料,经过氧化与数千度高温的碳化工序后,得到模量为160 GPa、强度为0.7 GPa的碳纤维。

1962年,日本碳化公司(Nippon Carbon Co.)用PAN为原料,制得低弹性系数(L. M.)碳纤维。东丽公司亦以PAN纤维为原料,开发了高强度CF,模量为230 GPa,强度约为2.8 GPa,并于1966年起达到每月产量为1吨的规模。与此同时,他们还开发了碳化温度在2 000℃以上的高弹性CF,模量为400 GPa,强度约为2.0 GPa。

碳纤维的商业化生产始于20世纪70年代日本的Toray(东丽)、Toho Tenax(东邦特耐克斯)和Mitsubishi(三菱)公司。这些公司目前仍跻身于世界上最大的碳纤维生产商行列。20世纪80年代中期,美国和欧洲的公司,如Zoltek(卓尔泰克)、Cytec(苏泰克)和Hexcel(赫克塞尔),也开始生产碳纤维。

我国PAN基碳纤维的研究与开发始于20世纪60年代初,"九五"以来,我国碳纤维的发展经历了规模不大的技术引进及碳纤维民用制品领域的拓展,在生产规模及产品应用方面取得了一定的进步。一些高等院校,如北京化工大学、安徽大学、中山大学等,也相继开展了CF研究。但就碳纤维行业来说,还存在很多问题,如原丝品质低下、CF性能指标与国外差距大且不稳定、小型试验性生产及CF制造成本高昂、技术上还不具备规模化生产水平等。

我国碳纤维的生产和使用尚处于起步阶段,生产能力仅占高性能碳纤维世界总产量的 0.4% 左右,90% 以上的用量靠进口。PAN 原丝质量一直是制约我国碳纤维工业规模化生产的瓶颈。

碳纤维生产工艺复杂、技术含量高,可实现产业化的国家和企业不多。全球碳纤维厂商及产能(2009 年数据)如图 4-8 所示。

日本Toray
日本Toho Tenax
美国Zoltek
日本Mitsubishi Rayon
台湾Formosa Plastics
德国SGL
美国Hexcel
美国Cytec
中国
其他

图 4-8 2009 年全球碳纤维生产厂商及产能

1.2 碳纤维的种类

碳纤维按生产原料有聚丙烯腈(PAN)基碳纤维、沥青基碳纤维、黏胶基碳纤维等,分别由聚丙烯腈、沥青、黏胶丝经碳化制得;按状态分为长丝、短纤维和短切纤维;按力学性能分为通用型和高性能型。通用型碳纤维的强度为 1 000 MPa,模量为 100 GPa 左右。高性能型碳纤维又分为高强型(强度 2 000 MPa、模量 250 GPa)和高模型(模量 300 GPa 以上);强度大于 4 000 MPa 的又称为超高强型,模量大于 450 GPa 的称为超高模型。随着航天和航空工业的发展,还出现了高强高伸型碳纤维,其延伸率大于 2%。

目前世界上生产和销售的碳纤维绝大部分是 PAN 基碳纤维,2009 年 PAN 基碳纤维产能占全球碳纤维总产能的 96%。全球 13 家大型碳纤维生产公司中,以 PAN 为原料生产碳纤维的公司有 9 家,包括日本的东丽(Toray Industries)、东邦特耐克斯(Toho Tenax)和三菱人造丝(Mitsubishi Rayon),美国的卓尔泰克(Zoltek)、赫克塞尔(Hexcel)、苏泰克(Cytec)和阿尔迪拉(Aldila),德国的西格里(SGL)以及中国台湾的台塑(Formosa Plastics)。

PAN 基碳纤维依据丝束大小分为小丝束和大丝束两种。小丝束是指纤维丝束介于 1～24 K(1 K 代表 1 000 根)的碳纤维,如图 4-9 所示。小丝束碳纤维性能优异,一般多用于航空航天等高端技术领域。日本的东丽、东邦特耐克斯和三菱人造丝是生产小丝束碳纤维最主要的公司,2009 年 3 家公司的小丝束碳纤维产量占全球小丝束产量的 70%,其中以东丽公司为最大,占据全球碳纤维产能的 34%。大丝束碳纤维是指丝束数为 48 K 及以上的碳纤维(图 4-10),其性能较低,作为通用级别纤维,主要用于民用领域和一般工业中。由于大丝束的制备原料为民用 PAN 原丝,因此相对于小丝束碳纤维而言,属于一种低成本生产技术。目前国际上大丝束碳纤维主要生产公司有卓尔泰克、阿尔迪拉、三菱人造丝、东邦特耐克斯和西格里,其中美国卓尔泰克生产的大丝束占总产能的 50%。

图 4-9 小丝束碳纤维　　　　　　图 4-10 大丝束碳纤维

1.3 碳纤维及复合材料的生产

1.3.1 碳纤维的生产

以 PAN 原丝为原料的碳纤维的制造包括热稳定化(预氧化)、碳化、石墨化和表面处理四个过程,其工艺流程如图 4-11 所示。

图 4-11 PAN 基碳纤维生产工艺流程

(1) 预氧化:PAN 原丝的预氧化,又称热稳定化,一般在 180~300℃ 的空气气氛中进行。因为在温度低于 180℃ 时,反应速度很慢,耗时太长,生产效率过低;而当温度高于 300℃ 时,将发生剧烈的集中放热反应,导致纤维熔融断丝。在预氧化过程中要对纤维施加适当牵伸,以抑制收缩,维持大分子链对纤维轴向的取向。预氧化的目的是使热塑性 PAN 线形大分子链转化为非热塑性的耐热梯形结构,如图 4-12 所示,从而使纤维在碳化高温下不熔不燃,继续保持纤维形态。

图 4-12 预氧化中分子的环化

预氧化方法包括恒温预氧化、连续升温预氧化和梯度升温预氧化。其中,前两种预氧化方法的效率较低,目前主要用于实验室研究;梯度升温预氧化则是当前工业化生产所普遍采用的。预氧化温度及其分布梯度、预氧化时间、张力牵伸等是影响预氧化过程的主要工艺参数。预氧化时间一般为 60~120 min,碳化时间为几分钟到十几分钟,石墨化时间则以秒计算。可见,预氧化过程是决定碳纤维生产效率的主要环节。

(2) 碳化:碳化过程一般包括低温碳化和高温碳化两个阶段,低温碳化的温度一般为 300~1 000℃,高温碳化的温度为 1 100~1 600℃。碳化时需要采用高纯度氮气作为保护气体。在碳化过程中,较小的梯形结构单元进一步进行缩聚,且伴随热解,向乱层石墨结构转化的同时释放出许多小分子副产物,非碳元素即 O、N 和 H 逐步脱除,C 元素逐步富集,最终生成含碳量在90%以上的碳纤维。

（3）石墨化:碳化后的纤维在2 500～3 000℃的密封装置中,施以一定的压力,使纤维中的结晶碳向石墨晶体取向。

（4）表面处理:对于制作复合材料的碳纤维,为了提高碳纤维与复合材料中碳纤维与基体的结合强度,对碳纤维表面进行处理,处理方法有表面清洁法、气相氧化法、液相氧化法和表面涂层法。

1.3.2 碳纤维复合材料的生产

纤维增强复合材料分为连续纤维复合材料和非连续纤维复合材料,前者作为分散相的长纤维,两个端点都位于复合材料的边界处;后者则是短纤维,晶须无规则地分散在基体材料中。复合材料的结构如图4-13所示。碳纤维增强复合材料主要包括以下几类:

（1）碳纤维增强树脂基复合材料(CFRP);

（2）碳纤维增强碳基复合材料(CFC,C/C);

（3）碳纤维增强金属基复合材料(CFRM);

（4）碳纤维增强陶瓷基复合材料(CFRC);

（5）碳纤维增强橡胶基复合材料(CFRR)及碳纤维增强木材复合材料等。

(a) 叠层复合　　(b) 连续纤维复合　　(c) 细粒复合　　(d) 短切纤维复合

图4-13　碳纤维复合材料结构

其中,CFRP和C/C复合材料的技术较成熟,得到了广泛的应用;CFRM应用于部分构件中,其整体工艺仍然处于研制开发阶段;CFRC和CFRR尚处于应用开发阶段。

1.3.2.1　C/C复合材料生产

C/C复合材料由碳纤维或织物等增强碳基复合材料构成,具有轻质、高强高模、尺寸稳定、耐高温、抗热应力等许多优异性能,使它成为应用于航天航空及军事领域的首选高温材料。

C/C复合材料中,碳纤维及其预成型物作为增强的骨架,预成型物可以是碳布的叠层针刺物(Z向)、整体碳毡(针刺毡)或各种编织物。C/C复合材料成型主要工序:坯体的预成型、浸渍、碳化、致密化、石墨化和抗氧化涂层。C/C复合材料的主要制备工艺流程如图4-14所示。

图4-14　C/C复合材料生产工艺流程

　　坯体的制造方法很多,有预浸料缠绕、叠层和编织,以编织为主。致密化处理工序主要有树脂浸渍、化学气相沉积(CVD)、化学气相浸渗(CVI)、碳化、石墨化等;致密化工序的目的在于使增强纤维连接成整体,保持一定形状,从而能够承受外力。碳化可分为低温碳化(1 000℃左右)和高温碳化(1 200～1 800℃),石墨化大概在2 500～3 000℃。

　　多次致密化循环中进行的石墨化,可以弥补基体中非碳原丝逸走而造成的空洞和收缩。

1.3.2.2　CFRP 复合材料生产

　　CFRP 复合材料的半成品和最终产品的制造方法,取决于复合材料的的几何形状和使用要求。主要工序包括碳纤维与树脂两种材料的成型、加压与硫化、碳化和石墨化,如图 4-15 所示。其中成型方法有真空袋囊法、挤拉成型、缠绕成型、树脂注射成型和手糊法等。

图 4-15　CFRP 成型基本工艺流程

1.4　碳纤维的结构及性能

1.4.1　碳纤维的结构

　　高强(T)系列和高强高模(MJ)系列的碳纤维形态结构如图 4-16 所示。从纵面形态图中可看出,T300、T800、M40J、M55J 和 M60J 表面有明显沟槽,是湿法纺丝的表面特征。T300 表面沟槽宽而深且较为错乱,而 T800 和 MJ 系列的沟槽细浅且沿轴向规则平行排列。T1000 表面比较光滑,是干喷湿纺的表面特征。沟槽的存在一方面可以增大碳纤维的表面能,有利于树脂与碳纤维的浸润,也利于形成较强的机械啮合作用,但另一方面会增加表面微裂纹存在的概率,使碳纤维的拉伸强度下降。所以,表面处理通常是以强度下降为代价的,沟槽越粗大、越紊乱,对纤维强度的损伤就越大。

图 4-16 碳纤维形态结构

从纤维的断面形态可看出,MJ 系列碳纤维的断面比较平整,这说明碳纤维在断裂时受力比较均匀且十分致密,没有明显的应力集中点,外力均匀地分布在整个纤维截面上,有利于提高碳纤维的强度。

1.4.2 碳纤维的物理性能

(1)低密度和高强度:碳纤维的密度为 1.6～2.0 g/cm³,是钢材的 1/5～1/4;而比强度和比模量优于钢材和其他无机纤维。这两大优点使碳纤维复合材料在航空航天工程(如空中客车 A350 机翼)、汽车行业、运动器材及高强度和高刚性工业中的应用不断扩大。

(2)纤维细小而柔软:碳纤维的直径为几微米,是人发的 1/10,如图 4-17 所示。碳纤维具有一般纤维材料的可挠性、可编性、可弯曲性和柔软性,使其复合材料的机械性能不同于钢材和玻璃钢(玻璃纤维复合材料),碳基体能吸收外部力量而迅速瓦解受到的冲击或振动,例如碳纤维复合材料中可植入铁钉而不产生裂纹等(图4-18)。碳纤维复合材料利用其纤维的可挠性和可编性进行成型。

（3）耐磨、耐疲劳、耐高温、低电阻、低磨损:这些优异的物理机械性能使碳纤维适合于需接触腐蚀性介质及高温条件下作业而又需精密配置的元件,如图4-19所示的碳素传动轴套管,在熔融金属中不沾润,并具有润滑性,使其复合材料的磨损率降低。

图4-17　碳纤维与人发的粗细　　图4-18　碳纤维复合材料植入铁钉　　图4-19　碳素传动轴套管

（4）热膨胀系数小,导热率高:高温下的尺寸稳定性好,不出现蓄能和过热。

（5）各向异性:导热率和强度等性能具有各向异性,平行于纤维轴向的热导率高于径向,而其径向强度不如轴向强度,因而碳纤维忌径向受力(即不能打结)。

通用型(GP)、高强型(HT)、高模型(HM)、高强高模型(HP)等碳纤维的基本性能指标见表4-7。

表4-7　碳纤维的规格与性能

规　　格	高强型(HT)	高模型(HM)	通用型(GP)	高强高模型(HP)
直径/μm	7	5～8	—	9～18
强度/($\times 10^3$ MPa)	2.5～4.5	2.0～2.8	0.78～1.0	3.0～3.5
模量/($\times 10^3$ GPa)	2.0～2.4	3.5～7.0	3.8～4.0	4.0～8.0
伸长率/%	1.3～1.8	0.4～0.8	2.1～2.5	0.4～0.5
密度/g·cm^{-3}	1.78～1.96	1.40～2.00	1.76～1.82	1.9～2.1

1.4.3　碳纤维的化学性能

碳纤维的化学性能与碳十分相似,在空气中当温度高于400℃时即发生明显的氧化,氧化产物CO_2和CO在纤维表面散失,所以其在空气中的使用温度不能太高,一般在360℃以下。但在隔绝氧的情况下,使用温度可提高到1 500～2 000℃,而且温度越高,纤维强度越大。

1.5　碳纤维的产品及应用

碳纤维的直接产品有短切纤维、碳纤维预浸料坯和碳纤维织物三大类。其中碳纤维织物是碳纤维重要的应用形式,可分为碳纤维机织物、碳纤维针织物、碳纤维毡和碳纤维异形织造织物。国内以碳纤维机织物的应用为主,国际市场逐渐转向碳纤维轴向经编织物。

碳纤维三大类产品主要用于生产各类增强复合材料,其产业链如图 4-20 所示。

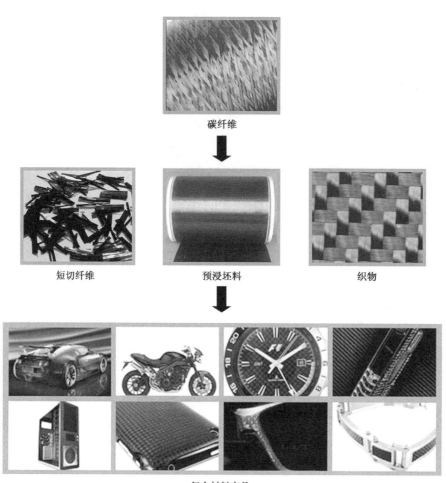

图 4-20　碳纤维产业链

碳纤维主要应用于航天航空、汽车制造、体育运动、土木建筑和能源开发五大领域,具体应用如表 4-8 所示。

表 4-8　碳纤维的应用领域

类　　别		应 用 领 域	利用碳纤维的特性
航天航空	飞机	一次结构材料:主翼,尾翼,机体 二次结构材料:辅翼,方向舵,升降舵 内装饰材料:舱底板,行李架,刹车片	轻量化,耐疲劳,耐热性
	宇宙飞行器	抛物面卫星天线,太阳能电池梁,壳体结构材料	耐磨损,导热性
	导弹火箭	喷管,发动机罩,防热材料,仪器舱,导弹发射筒	轻量化,耐烧蚀,耐热
	其他	宇宙空间站,卫星发电站,太空望远镜	轻量化,尺寸稳定性,耐热

(续　表)

类　别	应用领域		利用碳纤维的特性
文体器材	钓具 网拍类 高尔夫球 其他	钓竿,滑轮 球拍,球杆 滑雪板,自行车,赛车,赛艇 冰球鞋	轻量化,刚性,敏感性,吸能减震性
医用器材	X衍射仪的床板,CT板 假肢,人造骨,关节,假牙,韧带 医疗电极,医疗热袋		高比强,高比模,X射线透过性和生物相容性好
新能源	核反应堆第一壁材 风力发动叶片 太阳能发电板,抛物面激光器,太阳能热水器 电池电极材料 海上油田勘探和开采器材		高比强,高比模,线膨胀系数小,耐腐蚀,导电减震
土木建筑	高层建筑的幕墙,圆顶建筑的横梁 绝热板,自动门地板,防静电地板,采暖地板 增强混凝土 超长桥的桥墩,隧道加固及超强件 碳纤维绳索		高比强,高比模,耐腐蚀,导电,加工性好
汽车与火车	车轮,底盘,保险杆,制动器		高比强,高比模,减震吸能,耐疲劳,耐腐蚀,耐磨损
电子电气及仪器	电视天线,光学仪器,摄象机,半导体支架 计算机和传真机等的电磁屏蔽材料 扬声器喇叭,车器构件静电消除刷,柔性刷,电刷		高比强,高比模,线膨胀系数小,电池屏蔽性好,减震

103

2 芳纶 1414 纤维

2.1 芳纶 1414 纤维的研究与产业发展现状

芳纶 1414 纤维的学名为聚对苯二甲酰对苯二胺(PPTA)纤维,也称对位芳纶或芳纶Ⅱ。它是继锦纶之后又一里程碑式的发明,它的问世大大拓展了化学纤维的应用领域,开创了高性能合成纤维的新时代。更重要的在于它是世界上首例用高分子液晶纺丝新技术制得的纤维,有重要的理论指导意义。

美国杜邦公司是对位芳纶的发明者和最主要的生产商。1966 年 S. L. Kwolek 发明了对位芳纶液晶纺丝新技术,1972 年对位芳纶实现产业化,商品名为"Kevlar®"。

日本帝人公司的对位芳纶有"Technora®"和"Twaron®"两种牌号。Technora®是帝人公司利用独自技术开发的共聚型对位芳纶,1987 年产业化;Twaron®原是荷兰 Akzo Nobel 公司的产品,其化学结构与 Kevlar®相同,1972 年开始研究,1987 年产业化。2000 年帝人收购 Twaron®后,共进行了三次大规模扩产。

韩国、俄罗斯和德国等也在开发或生产对位芳纶,但产量较少。韩国可隆(Kolon)1979 年开始开发,2005 年实现产业化,商品名为"Teracron®"。韩国晓星公司于 2009 年实现对位芳纶的产业化,商品名为"Alkex®"。

我国对位芳纶的研究始于 1972 年,主要研究单位有中科院化学所、上海市合成纤维研究所、中蓝晨光化工研究院、东华大学和清华大学等。在 1972—1991 年期间,先后经历了实验室研究、小试和中试几个阶段,并被列为"六五""七五"和"八五"国家重大科技攻关项目和国家"863"计划,取得了一批科研成果。21 世纪初,我国的对位芳纶迎来了一个新的开发热潮,并在工程化研究方面取得了重大突破。目前,国内主要有 7 家企业(包括烟台氨纶、河南平煤神马、仪征化纤、中蓝晨光、河北硅谷化工、广东彩艳等)正在进行对位芳纶的研发和工厂兴建。

世界对位芳纶的发展历程如图 4-21 所示。对位芳纶自 1972 年问世以来,在经历了较长时期的技术和市场开发后,生产国家和厂商日渐增多,产能不断扩大。特别是进入 21 世纪以来,随着应用领域的拓展,世界需求量以每年 10%～15% 的速度递增。

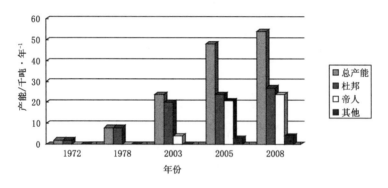

图 4-21　对位芳纶的发展历程

目前全球有美国杜邦、日本帝人、韩国可隆、韩国晓星、俄罗斯卡明斯克和我国烟台氨纶集团等 5 个国家的 6 家公司,实现了对位芳纶的产业化。主要生产国的产能如图 4-22 所示。

图 4-22　对位芳纶的主要生产国

2.2　芳纶 1414 纤维的生产

对位芳纶的基本原料是对苯二胺(PPD)和对苯二甲酰氯(TCl),经缩聚形成聚对苯二甲酰对苯二胺（PPTA）。PPTA 的化学分子结构如图 4-23 所示，是棒状的高分子，形成折叠链的倾向小，在一定的条件下容易形成各向异性的液晶溶液，均可通过液晶纺丝和伸张热处理达到理想结构，获得高强高模纤维。因此，芳纶 1414 纤维生产采用的技术路线一般为低温溶液缩聚—干湿法纺丝，其工艺流程如图 4-24 所示。

图 4-23　PPTA 化学分子结构

图 4-24　芳纶 1414 纤维的生产工艺流程

2.2.1　PPTA 树脂的合成

首先把 PPD 溶解于 N-甲基吡咯烷酮（NMP）的盐溶液中，形成 PPD-NMP 溶液，并冷却至−10℃以下；然后将等摩尔的 PPD-NMP 溶液和 TCl 送入双螺杆反应器，进行低温溶液缩聚,反应生成物经沉析、水洗、干燥后形成 PPTA 树脂。

2.2.2 液晶纺丝液的制备

（1）溶剂选择:刚性链的 PPTA 在大多数有机溶剂中不溶解,也不熔融,只溶解在浓硫酸、氯磺酸等强酸中。硫酸的酸性强,溶解性能适中,挥发性低,回收工艺成熟,和其他强酸相比,优点较多。研究表明浓度为 99%～100% 的硫酸,对 PPTA 的溶解性能最好,因此工业化生产选择浓硫酸为 PPTA 的溶剂。

（2）溶液黏度:一般,高分子聚合物溶液的黏度随高分子聚合物浓度的增加单调地增大;而液晶高分子的黏度在低切变应力下呈现曲线变化。图 4-25 所示为 90℃时 PTTA-H_2SO_4 溶液的浓度与体系黏度的关系。开始时纺丝液的黏度随浓度而增加,当达到某一临界浓度时,黏度会出现极大值,随后浓度增加,黏度反而迅速下降,出现一极小值,最后又随浓度的增加而迅速增加。

图 4-25　PPTA-H_2SO_4 溶液的浓度与体系黏度的关系

对于溶液纺丝,一般希望聚合物的相对分子质量尽可能大些,纺丝原液浓度高些,而黏度尽可能低些,以有利于成型加工。从图 4-25 可以看出,温度为 90℃时（PTTA—H_2SO_4 体系可形成溶致性液晶,低于 80℃时体系呈固态）,聚合物质量分数在 18%～22% 的范围内,处于可纺性良好的低黏度区。

2.2.3 液晶纺丝

液晶纺丝是将具有各向异性的液晶溶液（或熔体）经熔体纺丝、干法纺丝、湿法纺丝或干湿法纺丝纺制纤维的方法。这是 20 世纪 70 年代发展起来的一种新型纺丝工艺,可以获得断裂强度和模量极高的纤维。液晶纺丝的特点是纺丝的溶液或熔体是液晶,这时刚性链聚合物大分子呈伸直棒状,有利于获得高取向度的纤维,也有利于大分子在纤维中获得最紧密的堆砌,减少纤维中的缺陷,从而大大提高纤维的力学性能。液晶是普通结晶固体和各向同性液体之间的一种中间状态。处于这种状态的物质,既有液体一样的流动性和连续性,又有晶体一样的有序性。

PPTA 高相对分子质量的硫酸溶液具有典型的向列型液晶结构,即棒状分子之间只是互相平行排列,按轴向取向,但分子重心的排列是无规的,只保存固体的一维有序性。PPTA 液晶纺丝液从纺丝板的喷丝孔挤出,通过中间空气层后,进入 0～5℃ 的低温凝固浴,冷冻凝固成型,即干喷湿纺,如图 4-26 所示。纺丝原液通过喷丝孔时,在剪切力和伸长流动的作用下,原液细流本身已具有一定的取向度。在中间空气层的间隙中,部分大分子解取向,通过空气层中进行的适宜拉伸增加取向度,然后在低温冷水凝固浴中迅速固定形成液晶结构。

（a）流程示意图　　　　　（b）纤维成型原理图

图 4-26　PPTA—H₂SO₄ 干喷湿纺工艺

2.3　芳纶 1414 纤维的结构与性能

2.3.1　结构

芳纶 1414 纤维是由近似于刚性伸直链的 PPTA 分子,以网状交联的结晶结构形成的高聚物。大分子构型为沿轴向伸展的刚性链结构,分子和链段排列规整以及高分子的液晶状态和纺丝时的流动取向,使大分子沿着纤维轴向的取向度和结晶度相当高。在与纤维轴垂直的径向,则存在酰胺基团的氢键和范德华力,但径向的作用力较小,纤维容易因磨蚀沿纤维纵向开裂而产生原纤化,如图 4-27 所示。芳纶纤维的微观结构主要表现两方面的特征:(1)纤维中存在伸直链聚集而成的原纤结构;(2)纤维的横截面上有皮芯结构。图 4-28 的纤维织构图反映了上述两方面的特征。

图 4-27　芳纶 1414 纤维的原纤化

图 4-28　芳纶 1414 纤维的织构图

2.3.2　性能

对位芳纶最突出的性能是其高强度、高模量和出色的耐热性,同时具有良好的绝缘性、抗腐蚀性和适当的韧性,可供纺织加工。

(1)物理性能:芳纶纤维具有天然的黄色和金黄色,光泽亮丽;密度为 1.43～1.44 g/cm³。

（2）机械性能：具有高强高模的拉伸性能。对位芳纶的比强度和比模量仅次于碳纤维，而大于钢丝和玻璃纤维。对位芳纶的应力—应变曲线如图4-29所示。由于高度结晶和取向，纤维的各向异性极为明显，纤维的径向和轴向压缩强度、压缩模量及剪切应力较小。纤维耐磨性较差，纤维与纤维间或纤维与金属间摩擦易原纤化。

（3）耐热性：纤维能承受500℃的高温而不分解不熔化；纤维不燃、不熔、不滴，超高温后直接碳化，所以在强热场合纤维强度能保持90%以上，如图4-30所示；在190℃的热空气中，收缩率为0。对位芳纶纤维的其他基本热学性能如表4-9所示。

图4-29　芳纶1414的应力—应变曲线

1 —— 碳纤维	5 ······ PEN聚酯纤维
2 —— Twaron	6 ----- PET聚酯纤维
3 —— Technora	7 —— 纤维素纤维
4 ······ E-玻璃纤维	8 —— 锦纶66

（a）空气中

（b）氮气中

图4-30　芳纶1414（Twaron®）的耐热性

表4-9　对位芳纶（Twaron®）的热学性能

热学特性	燃烧性能	储存热量	空气中热收缩	耐热性	热稳定性
指标	极限氧指数（LOI）	比热	收缩率	分解温度	强度损失率
单位	%	J/kg·K	%	℃	%
数值	29[①]，37[②]	1 420	0	500	90

注：①为Twaron®织物的LOI值；②为Twaron®长丝纱的LOI值。

（4）热稳定性：对位芳纶纤维的连续使用温度范围极宽，可在-196℃至204℃范围内长期正常运行，纤维生命周期很长。纤维在200℃下经历100 h能保持原强度的75%，在160℃下经历500 h仍能保持原强度的95%，因而赢得"合成钢丝"的美誉。

（5）化学性能：氧化稳定性、耐碱性、耐有机溶剂和漂白剂的性能好，但耐日晒、耐潮湿和抗紫外线性以及表面与基体复合的黏合性差。

2.4 芳纶 1414 纤维的品种与应用

（1）长丝纤维品种及用途：美国杜邦和日本帝人生产的长丝纤维品种如表 4-10 所示，主要用于各类纱线和织物。

表 4-10　芳纶 1414 长丝纤维世界著名品牌及品种

品牌	美国杜邦 Kevlar®						
规格	—29	—49	—68	—100	—119	—129	—149
用途	各种用途纱	高模量纱	中模量纱	各种色纱	高伸长纱	高强度纱	超高模量纱
品牌	日本帝人 Twaron®						
规格	1 000	1 012	2 012	2 015	2 015	2 015	2 015	2 015
线密度/dtex	1 680	3 360	930	1 680	1 100	930	550	420
产品用途	各种纱线							

（2）有色纤维品种及用途：芳纶长丝和短纤维的有色纤维有灰绿色、黑色和黄色等几种基本颜色，如图 4-31 所示，主要用于制作防护服，如消防服、防割和防刺手套等。

（a）长丝　　　　　　　　　　　　　　　（b）短纤

图 4-31　芳纶 1414 有色纤维

（3）短纤维品种及用途：有卷曲和无卷曲两类，纤维长度为 6～64 mm，用于生产增强材料、缝纫线或替代石棉作为离合器衬片等。

（4）芳纶浆粕：指由芳纶撕裂和研磨而制成的对位芳纶差别化品种，外观类似木材纸浆，有丰富的绒毛和长度分布。芳纶浆粕的化学结构与纤维相同，保留了芳纶纤维的绝大部分的性能，如耐热性和尺寸稳定性等，又具有因独特的成型工艺而形成的原纤化的特性，如图 4-32 所示。

Kevlar® T979 浆粕的主要型号有：IF368，纤维长度为 0.8 mm；IF356，纤维长度为 2.0 mm；IF358，纤维长度为 5.0 mm。Twaron® 浆粕有不同长度和原纤化的干浆粕和湿浆粕两类。芳纶浆粕主要用于工业造纸、摩擦材料（作为石棉纤维替代品）、橡胶制品和触变剂。

① 工业造纸：芳纶纤维因具有优异的湿加工性能和增强性能而广泛应用于工业造纸，形成的纸张的热膨胀系数小，绝缘性能优良，在 250℃时绝缘强度仍达 95%。

（a）原纤化前纤维纵面　　　　（b）浆粕中纤维纵面电镜图　　　　（c）浆粕中纤维纵面光镜图

图 4-32　对位芳纶浆粕的原纤化

② 石棉纤维替代品：芳纶具有高抗拉、轻量化、持久耐磨及稳定的摩擦和高耐热性能，是石棉的理想替代品，用于制动器衬片、汽车离合器和刹车片等摩擦材料。

③ 橡胶制品：浆粕与橡胶复合，将橡胶的弹性与纤维强度有机结合，用于橡胶软管、密封件、轮胎、导弹和火箭耐烧蚀性绝缘材料。

④ 触变剂：芳纶浆粕在低剪切力作用下具有优异的增稠效果，而在高剪切力作用下时其黏度和没有加入浆粕的树脂相近，可作为触变剂和增强剂应用于密封剂、黏胶剂及涂料中。

芳纶短纤维、长丝和浆粕产品的产业链如图 4-33 所示。

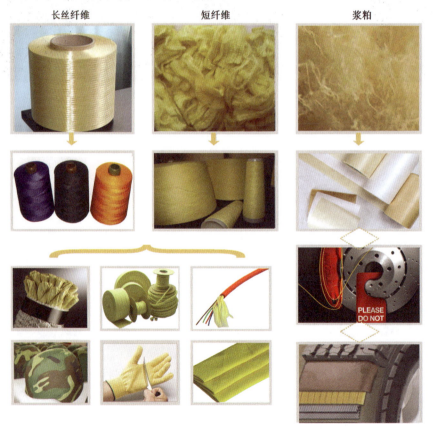

长丝纤维　　　　短纤维　　　　浆粕

图 4-33　芳纶 1414 纤维产业链

3 UHMWPE(超高相对分子质量聚乙烯纤维)

3.1 UHMWPE 纤维的研究与产业发展现状

UHMWPE 纤维于 20 世纪 70 年代由英国利兹大学的 Capaccio 和 Ward 首先研制成功。20 世纪 70 年代末期,荷兰国有能源化学公司(Dutch State Mines ,DSM)利用十氢萘作为溶剂发明了凝胶纺丝法,制备出 UHMWPE 纤维,并于 1979 年申请专利,1990年实现工业化生产。

DSM(荷兰帝斯曼)是 UHMWPE 纤维的创始者,也是世界上该纤维产量最高、质量最佳的制造商,年产量约 7 000 吨。20 世纪 80 年代美国 Allied-Singal 公司与荷兰帝斯曼公司合作,在美国成立 Honeywell(霍尼韦尔)公司,生产超高相对分子质量聚乙烯纤维中低端产品,且仅限于在北美市场销售,年产量约 3 000 吨。日本东洋纺公司和荷兰帝斯曼公司合资在日本成立二井公司,生产超高相对分子质量聚乙烯纤维,销售地区仅限日本和中国台湾省,年产量约 800 吨。目前,世界上拥有自主知识产权并能够工业化生产UHMWPE 纤维的国家及企业有荷兰帝斯曼公司(Dyneem$^®$)、美国霍尼韦尔公司(Specra$^®$)、日本三井石化公司以及我国的宁波大成(强纶$^®$)、中纺投资(孚泰$^®$)、湖南中泰、山东爱地高分子材料有限公司(Dynaforce$^®$)等。

国内 UHMWPE 纤维经过多年的发展,虽然已经具备初步的市场竞争力,但产业化进程相当慢。1985 年东华大学率先提出对 UHMWPE 纤维项目产业化的研究,于 1999年底与湖南中泰特种装备有限公司建成一套 0.1 千吨/年的工业化生产装置,2000 年又扩产为 0.2 千吨/年。此外,北京同益中特种纤维技术开发有限公司、宁波大成特种纤维公司在东华大学研究的工艺成果基础上进行了小试、中试工业化生产开发,并相继建成UHMWPE 纤维工业化生产装置。

UHMWPE 纤维在所有高性能化学纤维中,其密度最小,具有优异的物理力学性能,相对分子质量极高,主链结合牢固,相同质量下的强度是钢丝绳的 15 倍,比芳纶高 40%,是普通化学纤维和优质钢的 10 倍,仅次于特级碳纤维,且耐光性好。就强度而言,UHMWPE 纤维是目前已经实现工业化生产的纤维中强度最高的特种纤维。

3.2 UHMWPE 纤维的生产

3.2.1 凝(冻)胶纺丝基本原理

UHMWPE 纤维采用凝(冻)胶纺丝(Gel Spunning)法,其基本原理是:将相对分子质量(重均,M_w)大于 10^6 的粉状 UHMWPE 聚合物溶解在适当的溶剂中,形成半稀的凝胶纺丝液,由喷丝孔挤出后骤冷形成凝胶原丝,然后对凝胶原丝进行去溶剂化和高倍热拉伸,制得高强高模的聚乙烯纤维。

凝胶纺丝溶液的溶解是大分子解缠的过程,使其超长分子链从初生态堆砌和分子链间及分子链内部缠结等多层次的复杂形态结构转变成解缠大分子链。这种冻胶溶液具

111

有良好的流动性和可纺性。而凝胶原丝的形成,实际上是聚乙烯大分子在凝胶原丝中保持解缠状态,该状态为其后的大分子充分伸展奠定了基础。超倍拉伸不仅使纤维的结晶度、取向度得到提高,而且使呈折叠链的串晶结构向伸直链转化(图4-34),从而极大地改善纤维的强度和模量。

(a) 折叠链的串晶结构向伸直链转化 　　　　　(b) 折叠链的串晶结构

图 4-34　凝胶纺丝过程中分子结构的变化

3.2.2　凝(冻)胶纺丝工艺路线

目前,UHMWPE 凝胶纺丝法主要有两条工艺路线。一是用高挥发的十氢萘溶剂制作超高相对分子质量聚乙烯半稀溶液,经干法凝胶纺丝,简称干法。十氢萘有较强的挥发性,去溶剂时不需要萃取步骤,仅通过加热即能将其除去。干法纺丝工艺路线如图4-35 所示,工艺流程短,生产过程环保,产品综合性能好。二是用低挥发的矿物油制作超高相对分子质量聚乙烯半稀溶液,经湿法凝胶纺丝,简称湿法。除 DSM 等少数企业外,世界上生产超高相对分子质量聚乙烯纤维的其他厂家,基本上都采用此工艺路线,只是细节上有所区别。矿物油难挥发,需要增加萃取步骤将矿物油萃取出来,其工艺路线如图4-36 所示。

图 4-35　干法凝胶纺丝工艺路线 　　　　**图 4-36　湿法凝胶纺丝工艺路线**

3.2.3　湿法凝(冻)胶纺丝工序

(1) 均质冻胶溶液的制备:制备均质冻胶溶液是实现冻胶纺丝的关键,UHMWPE 极难溶解,按常规的溶解方法需在较高温度下(150℃)长时间连续不断地搅拌,相对分子质量会急剧下降。

冻胶溶液中大分子链的解缠程度与链形态和冻胶溶液的浓度有关。均质冻胶溶液的制备过程实质上是溶剂分子和聚乙烯超长分子的热运动与外力均化的综合作用。所以,超长大分子链的解缠程度与溶剂性质、溶解温度、溶解方式及设备等有很大的关系。

① 溶剂选择:十氢萘作为溶剂有利于聚乙烯超长分子链的解缠,溶解温度在 150℃ 左右即可;若采用石蜡油或固体石蜡作为溶剂,溶解温度要高于 180℃;其他溶度参数相近的溶剂如甲苯、二甲苯、四卤化碳、三卤三氟乙烷、庚烷、癸烷、十二烷等沸点较低或毒性较大的溶剂,均不宜作为溶剂使用。

② 溶液浓度:溶液浓度过低,大分子间的缠结很少或几乎不存在,拉伸时大分子间很易产生滑移,不利于整个超长分子链的伸展。而溶液浓度较高时,溶液流动性差且不稳定,所得的初生态冻胶纤维中,大分子间的缠结点太多,无法达到高倍拉伸。已工业化的高性能聚乙烯纤维,以十氢萘为溶剂时溶液浓度以 15% 为佳,以石蜡油为溶剂时以 8% 为佳。

③ 溶液制备:将 UHMWPE 的悬浮液均化后,进入螺杆挤压机连续挤出,经计量泵计量形成纺丝凝胶溶液。

图 4-37　纤维进入低温水冷却浴

(2) 初生态冻胶原丝的形成:均质冻胶溶液在一定纺丝温度下,经喷丝头挤压后直接进入水浴冷却成型(图 4-37),形成初生冻胶纤维。冻胶溶液在喷丝孔道内受剪切作用,部分溶剂被析出,大量的溶剂仍保留在冻胶丝条中,充满于网络结构内。

(3) 冻胶原丝的萃取和热处理:用低沸点物换出第一溶剂并预热,除去绝大部分的溶剂、萃取剂,形成大量折叠链结晶。

(4) 干冻胶丝条的超倍热拉伸:初生冻胶纤维的强度低、伸长大、结构不稳定,无使用价值,只有在有效拉伸倍数大于 20 倍的热拉伸作用下,才能将折叠链结晶结构逐渐转变为伸直链结晶结构,其超倍热拉伸工序如图 4-38 所示。

超倍热拉伸一般经三个阶段:

① 初期阶段的拉伸温度较低(90～133℃),拉伸倍数在 15 倍以下,发生的是细颈拉伸,纤维结构主要发生折叠链片晶和分离的微纤的运动,片晶转化为纤维结构;

② 随拉伸温度(143～145℃)和拉伸倍数的提高,发

图 4-38　超倍拉伸

生的是均一拉伸,运动的折叠链片晶开始熔化,分离的微纤逐渐聚集,纤维形变能增大;

③ 当拉伸温度高于 145℃时,分子运动剧烈,聚集的微纤分裂,熔化的折叠链片晶解体,在拉伸力的作用下重排成伸直链结晶。

3.3 UHMWPE 纤维的结构和性能

3.3.1 UHMWPE 纤维的结构

超高相对分子质量聚乙烯为相对分子质量在 100 万以上的线形高密度乳白色粉状物,如图 4-39 所示。成纤的超高相对分子质量聚乙烯粉料要求相对分子质量分布窄、颗粒粒度小且分布均一,堆砌密度为 $0.35 \sim 0.45 \ \text{g/cm}^3$。

聚乙烯大分子链为"—C—C—"的平面锯齿形简单结构,如图 4-40 所示,是一根没有庞大侧基、对称性及规整性优良的柔性链。这些结构特征是减少结构缺陷的重要因素,也是能顺利进行高倍热拉伸的关键,使非晶区和晶区中的大分子链充分伸展。

图 4-39　UHMWPE 粉状物质　　　　　　图 4-40　UHMWPE 分子链

将无限长的大分子链完全伸展之后所得纤维的抗张强度就是大分子链的极限强度。PE、PET 和 PA 等聚合物大分子链的极限强度见表 4-11。

表 4-11　各种聚合物大分子链的极限强度

聚合物	密度/g·cm^{-3}	分子截面积/nm^2	极限强度/cN·dtex^{-1}	常规纤维强度/cN·dtex^{-1}
PE	0.97	0.193	328	7.9
PA6	1.14	0.192	278	8.4
PVA	1.28	0.228	209	8.4
PPTA(Kevlar®)	1.43	0.205	208	22.1
PET	1.38	0.217	205	8.4
PP	0.91	0.348	192	8.7
PVC	1.39	0.294	149	3.5
PAN	1.16	0.304	173	4.4

由表 4-11 可见,PE 分子链的极限强度最高,而常规纺丝法得到的纤维实际强度与理论极限强度之间存在很大差距。一般由柔性链分子构成纤维的力学强度,最多只能达到其极限强度的 5%。要使柔性链高聚物纤维具有高强高模性能,要尽量提高聚合物大分子的相对分子质量和非晶区缚结分子的含量,尽量减少晶区的折叠链含量,增加伸直链的含量,尽量将非晶区均匀分散于连续的伸直链结晶基质中。

除了具有良好的力学性能外,由于其化学结构上的特点,其密度比水小,能够漂浮在

114

水面上。因为分子链具有良好的柔性,故其耐挠曲性能好,在低温下能够保持其良好的耐挠曲性。超高相对分子质量聚乙烯纤维还有良好的耐磨性与生物共存性。因为没有侧基,分子链之间的作用力主要是范德华力,流动活化能较小,熔点较低,小于160℃。在受到长时间的外力作用时,分子链之间易滑移,产生蠕变。熔点低和耐蠕变性能差限制了超高相对分子质量聚乙烯纤维的使用范围。

3.3.2 UHMWPE 纤维的性能

UHMWPE 纤维具有独特的综合性能。此外,该纤维还具有耐海水腐蚀、耐化学试剂、耐磨损、耐紫外线辐射等特性。

(1)力学性能:—C—C—单键的内旋转位能低,柔性好,容易形成规则排列的三维有序结构,有着较高的结晶度。通过凝胶方法生产的超高相对分子质量聚乙烯纤维,经过高倍拉伸后,分子链沿拉伸方向有较高的取向度和结晶度,分子链伸直情况较好,从而赋予纤维优良的抗拉伸性能。它是目前强度最高的纤维,能达到优质钢的15倍,模量也很高,仅次于特种碳纤维。断裂伸长率与其他特种纤维一样,也很低,但因强度高,其断裂功很高。而且其相对密度小于1,纤维浮于水面。UHMWPE 纤维等特种纤维的基本力学性能与密度见表4-12。

表 4-12 UHMWPE 纤维等特种纤维的基本力学性能与密度

纤维品种	密度/g·cm⁻³	强度/cN·dtex⁻¹	模量/cN·dtex⁻¹	伸长率/%
超高相对分子质量聚乙烯纤维	0.97	31	970	2.3
芳纶	1.44	20	410	3.6
碳纤维(高强)	1.78	19	1 300	1.4
碳纤维(高模)	1.85	12	2 100	0.5
E-玻璃纤维	2.60	13	280	4.8
钢纤维	7.86	1.8	200	1.8

(2)耐疲劳和耐磨损性:UHMWPE 纤维断裂时所能承受的往复次数比芳纶(PP-TA)纤维高一个数量级,特别适用于耐疲劳要求高的场合。碳纤维和玻璃纤维具有较高模量,但脆性大,易断裂。而 UHMWPE 纤维,即使具有较高的模量,但在大变形作用下仍然具有柔韧性,耐挠曲,有良好的加工性能,可采用一般的纺织加工设备(机织、针织等设备)进行加工。几种特种纤维的加工性能见表4-13。

表 4-13 UHMWPE 纤维等特种纤维的加工性能

加工性能	超高相对分子质量聚乙烯纤维	芳纶 29	芳纶 49	碳纤维(高强)	碳纤维(高模)
耐磨(直至破坏的循环次数)	>110×10³	9.5×10³	5.7×10³	20	120
耐弯曲(直至破坏的循环次数)	>240×10³	3.7×10³	4.3×10³	5	2
钩结强度/cN·dtex⁻¹	9~13	5~6	5~6	0	0
成环强度/cN·dtex⁻¹	11~16	9~11	9~11	0.7	0.1

（3）良好的耐冲击性：UHMWPE 纤维是玻璃化转变温度较低的热塑性纤维，韧性很好，在塑性变形过程中吸收能量，因此，其复合材料在高应变和低温下仍具有良好的力学性能，抗冲击能力比碳纤维、芳纶和一般玻璃纤维复合材料强，如图 4-41 所示。UHM-WPE 纤维复合材料的比冲击总吸收能量分别是碳纤维、芳纶和 E-玻璃纤维的 1.8、2.6 和 3 倍，几乎与尼龙相当。这一性能使 UHMWPE 纤维非常适合制作防弹材料。

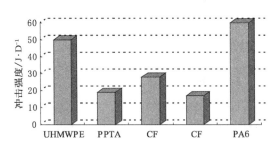

图 4-41　UHMWPE 纤维的抗冲击性能

（4）优良的耐光性：芳纶纤维不耐紫外线，使用时必须避免阳光直接照射。而聚乙烯纤维由于化学结构上的"—C—C—"结构，耐光性好，不易与化学试剂起反应。所以，超高相对分子质量聚乙烯纤维具有优异的光学惰性及化学惰性，是有机纤维中耐光性最优异的纤维，即使经 1 500 h 的光照，纤维的强度保持率仍在 60％以上。

（5）优良的耐化学品性能：UHMWPE 纤维的大分子链上不含任何芳香环、氨基、羟基或其他易受活性试剂攻击的化学基团，结晶度又高，因此在各种苛性环境中，强度均保持在 90％以上，如表 4-14 所示。而芳纶在强酸强碱中其强度下降很大。

表 4-14　UHMWPE 纤维在溶剂中浸泡 6 个月后的强度保持率(％)

溶剂	海水	10％洗涤剂	汽油	甲苯	冰醋酸	1M 盐酸	5M 氢氧化钠	高乐氏(Clorox)溶液
UHMWPE 纤维	100	100	100	100	100	100	100	100
芳纶纤维	100	100	93	72	82	40	42	0

（6）热学性能：普通聚乙烯纤维的熔点为 134℃左右，UHMWPE 纤维的熔点比其高 10～20℃。所测的熔点值与施加在被测纤维上的张力有关，张力愈大，熔点愈高，如在硅油中自由收缩时测得的熔点为 144℃，用环氧树脂包合纤维时测得的熔点为 155℃。纤维力学性能与使用加工温度有关，在 80℃下，强度、模量约下降 30％；在低温（－30℃）下，强度和模量随之升高。经热处理（130℃，3 h）后，强度和模量均为未处理纤维的 80％。

UHMWPE 纤维在高温和张力下使用会发生蠕变。蠕变行为的大小与冻胶纺丝中使用的溶剂种类有关，若使用的溶剂为石蜡，由于溶剂不易挥发而容易残存于纤维内，蠕变倾向显著；而用挥发性溶剂十氢萘时，则所得纤维的蠕变性能极大地改善。

3.4　UHMWPE 纤维产品的加工

（1）机织加工：在该加工过程中，主要关键在于尽量减少纤维强度和模量的损失。织物的实际密度和结构会影响下道工序和最终产品的性能,应对试生产产品性能进行全面测试,并结合实际应用需要提出最佳织物结构方案。

（2）针织加工:UHMWPE 纤维进行针织加工,不需任何特殊设备或特别的操作技术,可制成含 100% UHMWPE 纤维的针织物,也可与棉纤维混织以改进针织物的穿着舒适性或减少成本。将纤维切成短纤维并纺成较细或特定细度的纱线,也可用于特殊用途。

（3）绳索编织加工:绳索编织加工过程中,欲获得优异特性的关键是使纤维持恒定的张力,并防止各束纤维行走路径的差异;其次,编织点的固定很重要,编织点应结实,编成的绳收卷时要防止其受任何磨损。加工前,要根据绳的规格要求选用纤维规格和最佳的编织结构,尽可能减少绳内部的磨损,使其能适合于各种用途。

（4）复合材料加工:UHMWPE 纤维复合材料的结构多样,主要有单向带层合、二维织物层合和三维织物增强等。UHMWPE 纤维树脂基防弹复合材料所采用的基体主要有热固性和热塑性两种,前者通常包括环氧树脂、酚醛树脂和乙烯基酯树脂等,后者则包括聚醚醚酮、尼龙和烯烃类树脂等。在这些半成品的基础上,经过组合可以加工成防弹衣、防弹头盔和防刺材料等。

单向带层合材料是将 UHMWPE 纤维平行排布,并用树脂浸渍,制成预浸料。

二维织物层合材料是将 UHMWPE 纤维首先织造成二维织物,然后将这些二维织物叠合在一起,形成二维织物层合材料。目前,广泛采用的二维织物是二维机织物。

三维织物增强材料是将 UHMWPE 纤维直接织造成满足使用要求(特别是厚度要求)的三维织物。三维织物增强处理的特点是:在三维织物中,纤维在三维空间内相互交织、交叉,从而形成一个不分层、完全整体的结构。织造三维织物的工艺有三维机织、三维针织、三维编织等,如图 4-42 所示。

（a）三维机织物　　　　（b）三维针织物　　　　（c）三维编织物

图 4-42　三维织物结构

3.5　UHMWPE 纤维产品的应用

（1）绳、缆、索、网、线类:由 UHMWPE 纤维制得的制品质量轻、寿命长,制得的网漏水量大,而所需拖力小,且网的尺寸大。UHMWPE 纤维的断裂长度值大大高于其他高强度纤维,可制作各种耐海水、耐紫外线、不会沉浸而浮于水面的束具,广泛应用于拖、渡船和海船的系泊、油船和货船的绳缆。所得的缆、索等比 Kevlar 纤维加工的同样制品轻一倍,强度则高 25%,而且耐海水、耐紫外线。

(2) 织物类:利用 UHMWPE 纤维的高能量吸收性,以针织或机织物的形式,可开发各类防护服。用该纤维的长丝纱,可针织加工成防护手套及防切割用品,其防切割指数达到 5 级标准。用 100% PE 长丝纱针织加工的击剑服的抗击刺力为 1 000 N。

由于该纤维的高能量吸收和高断裂强度的综合特性,针织加工的工作裤在受锯的切割时将消耗较多的能量从而使电机即停,达到防锯效果;还可以制作船帆,质轻、伸长小且耐久性好。

(3) 无纺织物类:PE 防弹板(UD)是一种单向结构组成的层片,纤维或纱线互相平行排列。这种特殊的无纺织物具有优异的防弹性能,而且相同的防弹性能要求下采用 PE 制成的产品的质量最小。

PE 防弹板(UD)制得的防弹背心的柔韧性、穿着舒适性优,防弹、防钝伤效果强,能迅速地将冲击能量分散,从而在防弹背心内侧引起较低的凸起。另外,用 PE 防弹板制得的军用产品的质量轻(1.2 kg/m²),可制成质量为 0.5~0.7 kg 的背心。

(4) 复合材料类:UHMWPE 纤维及织物经表面处理,可改善其与聚合物树脂基体的黏合性能而达到增强复合材料的效果。这种材料的质量大幅度减少,冲击强度较大,消振性明显改善,以其制成的防护板制品,如防护性涂层护板、防弹背心、防护用头盔、飞机结构部件、坦克的防碎片内衬等,均有较大的实用价值。

此外,用 UHMWPE 纤维增强的复合材料具有较好的介电性能,抗屏蔽效果优异。因此,可用作无线电发射装置的无线整流罩、光纤电缆加强芯和 X 光室工作台等。

(5) 其他:UHMWPE 纤维具有良好的化学惰性,可用于医疗器材,如缝线、人造肌;也可制作各种体育用品,如用它制作的弓比 Kevlar 弓的寿命高两倍;还可制造吹气船、体育用船、赛艇、建筑结构件和柔性集装箱等。

第五章　产业化差别化纤维

差别化纤维指对常规化纤品种有所创新或具有某一特性的化学纤维。差别化纤维以改进织物服用性能为主,主要用于服装和装饰织物。采用这种纤维可以提高生产效率,缩短生产工序,且可节约能源,减少污染,增加纺织新产品。

差别化纤维主要通过对化学纤维的化学改性或物理变形而制得,包括在聚合及纺丝工序中进行改性以及在纺丝、拉伸及变形工序中进行变形的加工方法。

从形态结构上划分,差别化纤维主要有异形纤维、中空纤维、复合纤维和超细纤维等,如图5-1所示。从物理化学性能上划分,差别化纤维有抗静电纤维、高收缩纤维、阻燃纤维和抗起毛起球纤维等,如图5-2所示。

图 5-1　差别化纤维按形态分

图 5-2　差别化纤维按性能分

差别化纤维一词来源于日本。最早的差别化纤维是仿造天然纤维的形态和部分性质来改善化学纤维,如仿造蚕丝的三角形截面和碱减量处理,以改变纤维光泽;进一步是模仿天然纤维较高层次的结构,例如羊毛皮质的双边分布及棉、麻纤维的异形和中空结构,制造出复合纤维、中空纤维和异形纤维;现在人们已经超出模仿思路,能够开发出天然纤维所不具备的特性,如超细、高弹、高强等高性能、功能化和智能化纤维,这一类型的纤维已经不是差别化纤维所能涵盖的了。差别化纤维的发展大致可分为三个阶段,如表 5-1 所示。

表 5-1　差别化纤维的发展历程

时期	1960—1990	1990—2000	2000—2010
差别化对象	形态(截面、减量处理、细化)	性能(抗起球、抗静电、高收缩、阳离子可染)	形态+性能(高吸湿、导电、阻燃抗菌、防紫外)
差别化维度	一异(异形态)	二异(异形态、异收缩)	三四异(异形态、异收缩、异材质、异纤度)
差别化效果	初仿真(外观)	高仿真(外观、手感)	超仿真(外观、手感、性能)

图 5-3　异形纤维

第一节　异形纤维

异形纤维是指经一定几何形状(非圆形)喷丝孔纺制的具有特殊截面形状的化学纤维。根据所使用的喷丝孔不同,可得到方形、三角形、多角形、三叶形、多叶形、十字形、扁平形、Y形、H形、哑铃形等,如图 5-3 所示。异形纤维的主要品种、特性和用途见表 5-2。

表 5-2　异形纤维的主要品种、特性和用途

截面形状	性　　能	用　　途
三角形	光泽好,有闪光效果	长统丝袜,闪光毛线,机(针)织物,丝绸织物
扁平形	手感似麻、毛,能改善织物的起毛起球	仿毛、仿麻织物
Y 和 H 形	比表面积大,散热性、透汽性、吸湿性好	透汽型运动面料
五角形	手感优良,保暖性和毛型感强	仿毛织物,起绉织物(仿乔其纱)

异形纤维最初由美国杜邦公司于 20 世纪 50 年代初推出三角形截面;继而,德国研制出五角形截面;60 年代初,美国又研制出保暖性好的中空纤维;日本从 60 年代开始研制异形纤维,随之英国和意大利等国相继开发异形纤维。由于异形纤维的制造及纺织加工技术较简单,且投资少、见效快,发展很快。我国异形纤维的研制开始于 70 年代中期。异形纤维的品种相当丰富,按其截面形态大体可以分为三角(三叶、T)形、多角(五星、五叶、六角、支)形、扁平带状、中空纤维等类型,此外还有八叶形、藕形、蚊香状盘旋形等,都有各自的特点。

1 异形纤维生产

异形纤维生产最简单和常用的方法是使用非圆形截面的喷丝孔,这些异形纤维的截面形状取决于纺丝时喷丝板上喷丝孔的形状,如图 5-4 和图 5-5 所示。除此之外,制备异形纤维还可以采用如下三种方法:

（1）黏着法:采用具有异形喷丝孔的喷丝板或一组距离较近的喷丝板进行纺丝而制成。纺丝时,熔体以一定的速度从喷丝孔喷出,在喷丝孔处形成负压,熔体被空气自然吸引,熔体经喷丝孔后膨化而相互黏结,在适宜的纺速和冷却条件下形成空心或豆形截面的纤维。

图 5-4　异形喷丝孔及对应纤维

121

图 5-5　常用的异形纤维喷丝孔(左)和异形纤维截面(右)

（2）挤压法:初生的圆形截面纤维在后处理时经挤压而变形。

（3）复合法:先制成复合纤维,再将复合纤维中的一个组分溶解除去,从而制成异形截面纤维。

2 异形纤维的性质

同普通纤维相比,异形纤维的化学组成和结构并未发生改变。因此,异形纤维总体上具有与普通化学纤维最相似的一些物理机械性质。但是,由于截面形态的变化,异形纤维与一般化学纤维相比,在某些方面又具有自己的特点。

(1)几何特征:异形纤维的横截面具有特殊的形状,同时对纤维纵向形态产生重要的影响。为了表征异形纤维截面的不规则程度,通常采用异形度和中空度等指标来表示。异形度 B 是指异形纤维截面外接圆半径和内切圆半径的差值与外接圆半径的百分比,如下式所示:

$$B(\%) = \frac{R - r}{R} \times 100$$

式中:B——纤维异形度;

R——异形截面外接圆半径;

r——异形截面内切圆半径。

此外,异形纤维截面的异形化程度可以用圆系数、周长系数、表面积系数和充实度等表示。

(2)光泽:异形截面纤维的最大特征是其独特的光学效果,其仿真丝效果比圆形纤维更好,这也是制造这类纤维的主要目的之一。圆形纤维表面对光的反射强度与入射光的方向无关,异形纤维表面对光的反射强度却随着入射光的方向而变化。异形纤维的这种光学特点增强了纤维的光泽感,使人眼在不同方向、不同位置接收到不同的光学信息而产生良好的感官感受。利用异形纤维的这种性质可以制成具有真丝般光泽的合纤织物。另外,不同截面的异形纤维的光学特性也有所不同。从光反射性质上看,三角形、三叶形、四叶形截面纤维的反射光强度较强,通常具有钻石般的光泽;而多叶形(如五叶形、六叶形)截面纤维的光泽相对比较柔和,闪光小。

(3)抗弯刚度和手感:在截面积相同的情况下,异形截面纤维比同种圆形纤维难弯曲,这和异形纤维截面的几何特征有关。对几种不同截面的异形纤维和圆形纤维的抗弯刚度进行测定,结果如表5-3所示。结果表明,三角形等异形截面纤维的抗弯刚度都比圆形纤维高。异形纤维之间,抗弯刚度有如下规律:三叶形>三角形、豆形>菱形>圆形。这表明纤维异形化不仅改善了纤维的光泽效果,而且在很大程度上引起了力学机械性质的变化,从而引起风格手感的改变,使异形纤维织物比同规格圆形纤维织物更硬挺。众所周知,天然纤维的截面形状是不规则的,纤维粗细也很不均匀,再加上天然纤维表面一般都有许多很细的皱纹存在,因此,天然纤维具有良好的手感,它们或者硬挺、丰满,或者柔软、舒适。纤维异形化后,合成纤维有了类似于天然纤维的非圆形截面,因而手感有所提高,消除了圆形纤维原有的蜡状感,织物也更丰满、挺括、活络。

表 5-3　不同截面纤维的直径与刚度比较

截面形态	圆形		圆中空		三叶形		三角形	
线密度/dtex	3.3	1.7	3.3	1.7	3.3	1.7	3.3	1.7
纤维直径/μm	17.0	12.5	18.3	13.5	20.9	16.1	19.0	14.4
刚度/kPa	11.76	3.92	21.56	6.27	33.32	11.76	21.56	7.15

注：数据来源于《广西化纤通讯》2002 年第 1 期《异形纤维在纺织产品中的应用》。

（4）蓬松性与透气性：一般情况下，异形纤维的覆盖性、蓬松性比普通合成纤维好，制成的织物手感也更厚实、蓬松、丰满，而且质轻，透气性也好，如图 5-6 所示。异形纤维截面越复杂，或者纤维异形度越高，纤维及织物的蓬松性和透气性就越好。例如，三角形和五星形聚酯纤维织物的蓬松度比圆形纤维织物高 5%～8%。

图 5-6　异形纤维织物蓬松的外观

（5）抗起球性和耐磨性：普通合成纤维易起毛起球，由于纤维强力高，摩擦产生的球粒不易脱落，球粒会越积越多，严重影响织物外观和手感。纤维异形化后，由于纤维表面积增加，丝条内纤维间的抱合力增大，起毛起球现象大大减少。试验表明，锯齿形、枝翼形截面纤维游离起球的倾向最小。五角形、H 形、扁平截面纤维和羊毛等纤维混纺，起球比纯纺时少得多。

（6）染色性和防污性：异形纤维由于表面积增大，上色速度加快，上染率明显增加。但由于异形化后纤维的反射光强度增大，使色泽的显色性降低，颜色深度变浅。因此，对异形纤维染色时，要想从外观上获得同样的深度，必须比圆形纤维增加 10%～20% 的染料，这样就使得染色成本增加。实际生产中，可以通过适当地确定纤维的线密度和单丝根数，在一定程度上降低染料的消耗，又保证足够的颜色深度。

由于异形截面纤维的反射光增强，纤维及其织物的透光度减小（表 5-4），因而织物上的污垢显露度降低，从而提高了织物的耐污性。

表 5-4　不同截面涤纶纤维的覆盖性能和被沾污性能

截面形态		圆形 1	圆形 2	平均	三角形 1	三角形 2	平均
覆盖性能	透射率/%	7.37	7.53	7.45	6.07	4.50	5.28
	反射率/%	59.6	57.2	58.4	70.9	73.0	72.0
污染性能	反射率/%	61.4	62.4	61.9	69.6	69.9	69.8

注：数据来源于《广西化纤通讯》2002 年第 1 期《异形纤维在纺织产品中的应用》。

3　异形纤维的定量分析

3.1　分析原理

将纤维的纵、横向片段经透射式光学显微镜放大后，由视频摄像头采集纤维显微图像。然后通过图像分析技术,在显示器上根据异形纤维截面形态分辨各类纤维,测量其截面面积并记录其根数,再按下式计算不同截面纤维的质量百分比:

$$P_A(\%) = \frac{G_A}{G_A + G_B} \times 100$$

$$G_I = \overline{A}_I N_I \overline{L}_I Y_I$$

式中:P_A——A 纤维的质量百分比,%;

$\qquad G_A$——A 纤维的质量,mg;

$\qquad G_B$——B 纤维的质量,mg;

$\qquad G_I$——I(A 或 B)纤维的质量,mg;

$\qquad \overline{A}_I$——I(A 或 B)纤维的面积,mm^2;

$\qquad N_I$——I(A 或 B)纤维的根数,根;

$\qquad \overline{L}_I$——I(A 或 B)纤维的平均长度,mm;

$\qquad Y_I$——I(A 或 B)纤维的根数,根。

3.2 试样制备

(1) 实验室样品:取样方法及取样数量参照 FZ/T 62005—2003《被、被套》附录 C 的规定,采用 8 点取样共 10 g,3 次两两混合,保留一半组成实验室样品。

(2) 试验样品:参照 GB/T 16988—1997《特种动物纤维与绵羊毛混合物含量的测定》中的"10.1"和 FZ/T 52004—1998《充填用三维卷曲中空涤纶短纤维》——"正反面各不少于 20 点",从实验室样品中取 1 g 试验样品,并分成 3 份,每份 300 mg 左右。

(3) 试样:

① 纤维横截面试样制备:制作切片方法按照哈氏切片器的使用方法,制备的切片既要薄也要均匀完整,才能使采集的图像清晰。

② 纤维纵向试样制备:利用哈氏切片器中剩余的纤维或从试验样品中沿纵向取适量纤维,切取 0.5~1.0 mm 长的纤维束,制作纤维纵向切片。纤维纵向切取长度参数参照 AATCC 20A—2000《纤维定量分析》。

③ 纤维长度试样制备:从备样中沿纵向抽取约 100 根纤维,供长度测量用。

3.3 分析步骤

(1) 纤维截面面积测量:将哈氏切片器制备的纤维截面切片放在显微镜的载物台上,将放大倍数调到 800 倍左右,调节显微镜焦距,使显示器上的图形清晰,然后利用计算机纤维截面图像分析软件测量截面面积,每种纤维测量 30 根。测量面积时,要在整个切片的视野中随机选取面积大小不同的截面图形进行测量,不要集中一处测量,选取测量的截面大小比例要符合实际状况。

(2) 纤维长度测量:一是采用仪器测量,执行 FZ/T 50009.2—1998《三维卷曲涤纶短纤维平均长度试验方法单纤维长度测量法》;二是手工测量。每测 1 根,即用显微镜或显微投影仪进行分类。每种纤维可先测 10 根,计算不同种类的纤维长度差异是否大于

10 mm。如果差异≥10 mm，再补测，每种纤维测量25根，以25个长度测量值的算术平均值为长度平均值；如果差异＜10 mm，可不计入长度。

（3）纤维根数测量：测量纤维含量时选用根数至少1 000根。

第二节　中　空　纤　维

中空纤维是贯通纤维轴向且有管状空腔的化学纤维。中空纤维的最大特点是密度小、保暖性强，适合制作羽绒型制品，如高档絮棉、仿羽绒服、睡袋等。

中空纤维最早出现于1965年美国杜邦的防污尼龙中，利用纤维空腔纳污，利用反射和折射原理藏污；1968年日本东洋纺公司采用异形喷丝板生产中空涤纶短纤，杜邦和Eastman也相继生产出中空涤纶纤维；70年代初，日本为提高化纤产品的附加值，不断开发差别化纤维，研制了三维卷曲偏心中空涤纶纤维。

我国的中空纤维工业起步较晚，直到上世纪90年代才开始研究和生产，但发展很快。

目前，中空纤维的品种众多，原料从涤纶扩展到锦纶、丙纶、维纶、黏胶、聚砜和碳纤维等；孔数从单孔到四孔、七孔、九孔等；截面形状从圆形到三角形、四边形、梅花形；性能从保暖到抗菌、远红外、阻燃、芳香、阳离子改性等，如图5-7所示。品种的不断增加，拓展了中空纤维的应用领域，从最初作为保暖的絮填料发展到玩具、地毯、人造毛皮、高档仿毛面料和工业、医药领域分离膜。

125

三角形单孔　　　三角形三孔远红外　　　梅花形七孔　　　圆形九孔

图5-7　中空纤维截面形态

国内外中空纤维部分生产厂家和品种如表5-5所示。

表5-5　国内外中空纤维生产厂家和品种（部分）

生产厂家		品　种
国外	韩国汇维仕（Korea Huvis）	(2.22～7.78)dtex×(22～102)mm 有硅或无硅中空纤维 1.65 dtex×(38～41)mm 细旦高中空
	日本东丽（Japan Toray）	三角单孔中空，Cebonner Sumlon®，Cebonner Sumlon Supper®
	日本旭化成（Japan Asahi-Kasei）	表面有微孔中空，三角三孔
	日本东洋纺（Japan Toyobo）	三角单孔，Isumabura®
	日本可乐丽（Japan Kuraray）	三角单孔，Victoron®Ⅲ，Trifill®，Uckfill®
	美国杜邦（Dupont）	Dacron Hollowfill®；46.05 dtex×51mm 圆形四孔 Dacron Hollowfill®；77.77 dtex×51mm 圆形七孔，方形四孔

生产厂家		品　　种
国内	仪征化纤	(3.33/6.67)dtex×(28/38/64/72)mm 无硅或含硅中空立体卷曲 8.33 dtex×64 mm 四孔立体卷曲 1.367 dtex×38 mm 异形或圆形中空 10.00 dtex×60 mm 七孔
	黑龙江龙涤	(3.33/6.67)dtex×(34/64/96)mm,(6.78/14.44)dtex×64 mm 涤纶立体卷曲中空纤维
	南通罗莱	(6.66/13.32/16.65)dtex×(64/32/38/51)mm,3.33 dtex×(51/64)mm 无硅或含硅中空纤维; 11 dtex×64 mm 含硅中空纤维
	广东俊富	(6.66~9.99)dtex×(32/64)mm 无硅立体卷曲中空纤维 (6.66~16.65)dtex×(32~64)mm 无硅高弹三维卷曲四孔纤维 11dtex×64mm 含硅中空纤维

1 中空纤维的生产

中空纤维的生产方法主要有熔融纺丝、复合纺丝和湿法纺丝。

1.1　直接熔融纺丝

利用中空喷丝孔进行熔融纺丝而形成中空纤维,生产工艺较为成熟,经济合理,被国内大多数异形纤维生产厂家所采用。如果喷丝板中装入微孔导管,在纤维空腔中充入氮气或空气,可获得高中空气的充气中空纤维,应避免生产使用过程中压扁纤维,并使纤维导热性小于空气,大大提高纤维的保暖性;如果改变喷丝孔截面形态,则可制得三角形、梅花形等多种形状的异形中空纤维;如果采用特殊喷丝板,还可获得3～7孔的中空纤维,但其中空率在30％以内。

1.2　复合纤维纺丝

采用不同溶解性能的聚合物同时进行熔体纺丝,成型后溶解其中的一个组分,使纤维具有轴向空腔。根据溶剂不同,有碱易溶和水易溶两种。复合纤维纺丝法形成的中空纤维,可避免直接熔融纺丝法中因机械作用压扁纤维而导致中空度降低的缺点,并能控制不同组分在纤维截面内的分布,可获得中空度大于40％的大中空纤维。如果采用双组分并列式复合纺丝,且两个组分的熔体黏度有差异,可获得三维卷曲中空纤维;如果以压缩空气取代易溶组分,可获得高中空纤维;如果混入微孔成型剂,并在后处理中溶解掉成型剂和易溶组分,可获得许多由纤维表面贯穿至中空部分的细孔的微孔中空纤维。

1.3　湿法纺丝

湿法纺丝法制得的中空纤维通常用作过滤膜,常用的有纤维素中空纤维膜和聚丙烯腈(PAN)中空纤维膜两种。中空度的大小通过喷丝孔大小及通入气体或液体种类和速度进行控制。PAN 中空纤维膜的研究始于上世纪 70 年代,美国于 1977 年首次发布了关于 PAN 生产专利;80 年代,PNA 中空膜的研究在发达国家展开。

2 中空纤维的性能

中空纤维的截面特征可以用中空度表示,是指中空纤维内径(或空腔截面积)与纤维直径(或纤维截面积)的百分比,计算式如下:

$$H(\%) = \frac{d}{D} \times 100 = \frac{a}{A} \times 100$$

式中:H——中空度,%;

d——中腔直径,mm;

D——纤维直径,mm;

a——中腔截面积,mm^2;

A——纤维截面积(含空腔截面积),mm^2。

纤维壁愈薄,中空度愈大,纤维易压扁而成为扁平带状的纤维。因此,中空纤维的中空度要适当,不能过大,否则会影响其性能的发挥。

中空纤维的硬挺度、手感等受到纤维中空度的影响。在一定范围内,中空纤维的硬挺度随中空度增加而加大。但中空度过大时,纤维壁会变薄,纤维也变得容易被挤瘪或压扁,使硬挺度反而降低。

中空纤维具有更好的蓬松性和保暖性。对同规格纤维而言,中空度增加,中空部分面积增大,纤维蓬松度增大,纤维集合体的蓬松性也增加,有时蓬松度甚至可增加 50% 以上。

中空纤维(包括中空异形纤维)的耐磨次数和耐弯曲次数较实心纤维有明显提高,甚至提高 2~3 倍。可以想象中空纤维的这种性质与其中空化后纤维内部的应力减小有关。有人曾专门对中空和实心锦纶的耐磨性进行比较,发现无论实心异形纤维还是中空纤维,制成织物后的耐磨性都比圆形纤维有所提高。

中空纤维膜具有分离和过滤功能。

3 中空纤维的应用

中空纤维的主要应用有两个方面,一是三维卷曲中空纤维保暖材料,用于被褥和服装;二是中空纤维膜,应用于工业过滤。

(1)保暖面料和絮填料:中空结构减轻了纤维的质量并使纤维内部富含静止空气,增加了纤维的保暖性。三维卷曲中空纤维,因其优异的弹性和蓬松性,始终保持纤维间更多的静止空气,其保暖性更佳。

(2)地毯:锦纶异形中空纤维具有良好的保暖性、隐污性、蓬松性和压缩弹性,用于地毯。如东洋纺开发的三角单孔纤维,因单纤维呈空间立体卷曲及三角形截面稳定的异形支撑结构,使纤维在重负荷下能保持原来的形状;可乐丽生产的三角三孔中空涤纶以及东丽和钟纺开发的方形四孔纤维都可作为地毯原料。

(3)人造毛皮:中空纤维能代替腈纶制造人造毛皮和毛绒玩具、毛绒装饰品,高线密度中空涤纶纤维则可作为人造毛皮的刚毛。

除了以上应用,微孔中空纤维由于具有芯吸效应,水分在中空部分很容易通过微孔向外散发,具有较好的吸湿性,应用于舒适性面料的生产;此外,中空纤维也应用于服装衬里和汽车内饰等。

(4)分离过滤材料:微孔中空纤维制成的膜具有选择透过性,可使气体、液体混合体中的某些组分从内腔向外或从外向内腔透过中空纤维壁,却将另一组分截留,其分离原理如图 5-8 所示。中空纤维膜现已广泛应用于气体分离、海水淡化、血液透析、人工肾脏和废水处理等领域。微孔中空纤维膜截面如图 5-9 所示。

图 5-8　中空纤维膜分离原理图

(a)单孔纤维膜　　　　截面　　　　微孔部分放大

(b)七孔纤维膜

图 5-9　中空纤维膜的微孔截面

第三节 复合纤维

复合纤维(composite fibre)是由两种及两种以上的聚合物或具有不同性质的同一聚合物,经复合纺丝法纺制成的化学纤维。复合纤维如为两种聚合物制成,即为双组分纤维(bi-component fibre)或共轭纤维(conjugated fibre)。复合纤维根据组分在纤维截面中的分布,大致可分为并列型、皮芯型、海岛型和裂片型等,如图 5-10 所示。

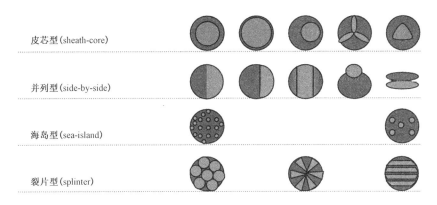

图 5-10 复合纤维类型及截面示意图

复合纤维技术的萌芽最早可追溯到 20 世纪 40 年代,由 Avisco 公司的 Sisson 等提出的黏胶纤维复合纺丝专利技术(US 2386173 等),但当时并未引起重视。1959 年,美国杜邦公司商业化生产了聚丙烯腈并列复合纤维"Orlon sayelle"。1963 年,美国杜邦公司又成功研制了袜用并列复合纤维"Cantretece"。

1965 年,日本钟纺研制出并列型自卷曲复合纤维"尼龙 22"等;60 年代中期,日本化纤制造商在双组分复合纤维的基础上,开发了多层次复合纤维,在织物的后整理中发现纤维分裂和剥离,此时织物的柔软性、质感性、悬垂性、透气吸水性等发生明显的改善。

1970 年日本东丽公司推出海岛复合超细旦丝制造仿麂皮织物;1972 年钟纺公司开发了仿真丝织物,可乐丽公司和钟纺公司分别推出了第二代人造皮革和超高密度织物。

我国对复合纤维的研究始于 20 世纪 70 年代,并成功研制了 PAN 并列型复合纤维;80 年代成功研制 PET/PA 皮芯型复合纤维、PA 类并列型复合纤维等;1991 年成功研制 0.20～0.33 dtex 的超细纤维,可以用于仿桃皮织物、仿高级丝绸、人造麂皮织物等。

1 并列型复合纤维

并列型复合纤维是由两种聚合物在纤维截面沿径向并列分布而成。利用两个组分结构的不对称分布,纺得的纤维经拉伸和热处理后产生收缩差异,从而使纤维产生螺旋状卷曲。这一结构特征的开发最初是受天然羊毛卷曲的启发。羊毛纤维的截面结构与其他天然纤维不同,是由两个近似半圆形、彼此紧密黏合在一起的正皮质和偏(仲)皮质构成的。正、偏皮质在干燥状态下的收缩率不同,正皮质结构部分的收缩略大于偏皮质部分,由此形成羊毛纤维永久性的天然卷曲。

利用两种不同黏度或收缩率的高聚物复合纺丝,由于两种高聚物的收缩性能不同,经拉伸定形松弛后,就会出现高度蓬松性和卷曲。这类纤维的卷曲与羊毛纤维的卷曲一样,是三维、永久、自发的,如图 5-11 所示。这与化纤后加工中利用刀口、假捻、填塞箱等变形加工形成的卷曲不同。

(a) 普通涤纶纤维二维卷曲　　　　(b) 羊毛纤维螺旋卷曲　　　　(c) 涤纶纤维螺旋(三维)卷曲

图 5-11　纤维的卷曲表态

PET/COPET 和 PET/PTT 并列型或偏皮芯型复合纤维是目前最常见的自发卷曲型纤维。PET/COPET 的 A 组分是对苯二甲酸乙二酯(PET)均聚物,B 组分为对苯二甲酸乙二酯和间苯二甲酸乙二酯的共聚物(COPET),A 与 B 以 40∶60～60∶40 的比例进行复合纺丝。共聚物与均聚物之间的界面力非常强,不会分裂。由于两种聚合物在收缩上的差异,当纤维经受拉伸和松弛热定形后就产生卷曲,从而使聚酯复合纤维具有高度的潜在卷曲性和可纺性。另外,还可以用常规聚酯与带支链的聚酯、常规聚酯与聚醚酯进行复合纺丝,制造自发卷曲型纤维。

PET/PTT 并列型复合纤维的 A 组分是对苯二甲酸乙二酯(PET)的均聚物,B 组分为对苯二甲酸丙二酯高聚物(PTT),A 与 B 以 40∶60～60∶40 的比例进行复合纺丝。

自发卷曲型纤维具有异线密度、异截面形状、异弯曲刚度、异模量、异收缩率等多异特性,其形态结构如图 5-12 所示。自发卷曲型纤维的多异性改善了织物的蓬松性、柔软度、悬垂性、滑爽性、抗皱性、弹性、光泽、抗起毛起球性、吸汗透湿性、手感等,被广泛地应用于开发各类仿真面料。

(a) 椭圆形截面　　　　(b) 圆形截面　　　　(c) PPT/COPET 纵面

图 5-12　并列型复合纤维的形态结构

130

2 皮芯型复合纤维

皮芯型复合纤维的皮层和芯层各为一种聚合物,也称芯鞘型复合纤维,它兼有两种聚合物的优点。如以锦纶为皮、涤纶为芯的复合纤维,兼具锦纶染色性好、耐磨性强和涤纶模量高、弹性好的优点。利用皮芯结构,还可以制造特殊用途的纤维,如以不燃的聚合物为芯、普通聚酯为皮制造的阻燃纤维,以微胶囊相变材料为芯、聚酯为皮制成 OUTLAST(聚酯空调纤维),以导电粒子为芯、非导电聚合物为皮的有机复合导电纤维,以聚丙烯为芯、高密度聚乙烯(热熔黏结组分)为壳的芯壳式 ES 纤维等,如图 5-13 所示。皮芯纤维还可以用来制造香料纤维、抗静电纤维和光导纤维等。

(a) 涤/锦复合纤维　　(b) OUTLAST 聚酯纤维　　(c) 有机复合导电纤维　　(d) ES 黏合纤维

图 5-13　皮芯型复合纤维的截面形态

3 海岛型复合纤维

海岛型复合纤维,又称微纤—分散型复合纤维,是将两种聚合物分别或混合熔融,使岛相的黏弹性液滴分散于海相的基体中;在纺丝过程中,经高倍拉伸和剪切形变,岛相成为细丝形状。所得复合纤维通过合理的拉伸和热处理,也可成为物理性能良好的高收缩纤维。将海岛纤维的海相溶解掉,剩下细度为 $0.01 \sim 0.02$ dtex 的一束超细纤维,如图 5-14 所示。若把岛相抽掉,可制成空心纤维,又称藕形纤维。

(a) 海相溶解前　　　　　　　　　　　　(b) 海相溶解后

图 5-14　海岛型复合纤维的截面结构

海岛型复合纤维是 20 世纪 70 年代初由日本研究和开发的，经过几十年的发展已日趋成熟，并成为生产超细纤维的基本工艺。海岛纤维的岛组分一般采用聚酯(PET)或聚酰胺(PA)，与其复合的海组分可以用聚乙烯(PE)、聚酰胺(PA6 或 PA66)、聚丙烯(PP)、聚乙烯醇(PVA)、聚苯乙烯(PS)以及聚丙烯酸酯共聚物或改性聚酯等。岛的数目从 16，36，64 到 200 甚至 900 及以上。海与岛的比例从原来的 60：40 变为 20：80 甚至 10：90。

海岛型复合纤维可用来制作人造麂皮、过滤材料、非织材料和各种针织品及机织品。

4 裂片型复合纤维

裂片型复合纤维是将相容性较差的两种聚合物分隔纺丝，所得纤维的两种组分可自动剥离，或用化学试剂、机械方法处理，使其分离成多瓣的细丝，单丝细度为 0.03～1.11 dtex，丝质柔软，光泽柔和，可织制高级仿丝织物。常见的有橘瓣形、米字形、多层并列和齿轮形等。图 5-14 为米字形复合纤维开纤前后的电镜形态图。

(a) 剥离前截面　　　(b) 剥离后截面　　　(c) 剥离后纵面

图 5-15　米字形复合纤维的形态

第四节　超细纤维

超细纤维(Microfibre)的概念源于日本。纤维的细旦化则始于对蚕丝的模仿。20 世纪 70 年代，日本合纤工业进入了模仿天然纤维的改性时期，一方面着眼于合成纤维的天然化，同时致力于发现各种化纤所具有的特种功能，并开发出具有高性能和高附加值的超细纤维。

目前国际上并没有公认的超细纤维定义。美国 PET 委员会将单纤维线密度为 0.3～1.0 dtex 的纤维定义为超细纤维，日本将单纤维线密度为 0.55 dtex 以下的纤维定义为超细纤维，一般认定单纤维线密度为 0.1～1.0 dtex 的纤维属于超细纤维，而单纤维线密度小于 0.1 dtex 的纤维为超极细纤维。涤纶等超细纤维的直径通常为 10 μm 及以下，细度不到蚕丝的一半，是人类毛发的几十至几百分之一。而天然矿物纤维中的石棉纤维的截面宽度只有 1 μm，是天然的超细纤维，如图 5-16 所示。

（a）石棉超细纤维　　　　　（b）天然纤维与超细纤维粗细　　　　（c）毛发与超细纤维粗细

图 5-16　超细纤维的细度比较

1　超细纤维类型及生产

超细纤维从纤维细度出发，对纤维的称谓有粗旦纤维、细旦纤维、微细旦纤维、超细纤维和超极细纤维。通常采用的生产方法有：复合纺丝剥离法、溶解法、常规熔融法、超拉伸法、闪蒸法和熔喷法。生产方法与纤维线密度紧密相关，如表 5-6 所示。

表 5-6　超细纤维生产方法及线密度

纤维品种	粗旦纤维	细旦纤维	微细纤维	微细纤维	超细纤维	超极细纤维	超极细纤维
生产方法	常规纺丝法	常规纺丝法	常规纤维碱减量处理	直接纺丝法	复合纺丝机械剥离法	海岛复合纤维纺丝法	海岛共混纺丝法
线密度/dtex	3～5	1～2	1.0	0.3	0.15	0.05	0.000 5

（1）常规纤维碱减量法：常规纤维碱减量是基于聚酯类纤维在碱性条件下发生水解而溶除，即聚酯纤维用稀碱液处理，纤维表面被刻蚀而细化，如图 5-17 所示。纤维表面形成许多沟槽，光线照射后产生漫反射，提高纤维染色后的显色性和仿真丝效果。

（2）直接纺丝法：直接纺丝法是相对于复合纺丝法和共混纺丝法而言的，即在纺丝过程中使用单一原料，直接利用熔体纺丝或溶液纺丝制造超细纤维的生产技术。它无需复合纤维或共混纤维所必须的剥离过程。

图 5-17　碱减量处理后的涤纶纤维

采用直接纺丝法生产超细纤维，需要降低单孔的熔体吐出量和增加喷丝板孔数。例如，纺制单纤维线密度为 0.11 dtex、总线密度为 55 dtex 的复丝，喷丝板的孔数需增加到 500 孔，对熔体纺丝过程中的冷却技术提出了更高的要求。同时，单孔的熔体吐出量也受到限制，若低于一定值，熔体则无法形成连续丝条。

直接纺丝法主要用于 PET、PP、PA6 和 PA66 超细纤维的生产。

（3）复合纺丝法：复合纺丝法将不同组分的高聚物从同一喷丝孔喷出形成并列型、皮芯型、海岛型等复合纤维，经机械、化学或溶解剥离法形成超细纤维。采用复合纺丝技术生产超细纤维的发展演变过程如图 5-18 所示。

0.10～0.20 dtex
复合纺丝—机械剥离法

0.03～0.06 dtex
复合纺丝—溶解
（或水解）剥离法

图 5-18　复合纺丝法生产超细纤维的发展过程

2　超细纤维的性能

超细纤维因单纤维直径小、比表面积大、质轻柔软、强度和吸湿性好，纤维及其产品都显示出许多独特的性能。

（1）手感柔韧而细腻：纤维的细度是一个重要的品质指标，它和纤维的强度、粗细均匀度、外观、手感、风格等都有密切的关系。而纤维的弯曲刚度与纤维线密度的平方成正比，因而纤维的线密度越小，即纤维越细，手感越柔软。由理论分析可知，纤维的抗弯刚度与纤维直径的 4 次方成正比。当纤维的细度变细时，则纤维的抗弯刚度迅速减小。若将纤维的直径缩小到原来的 1/10，则变细后的纤维的抗弯刚度只有原来的十万分之一。与普通化纤相比，超细纤维的取向度和结晶度较高，纤维的相对强度大。同时，纤维的弯曲强度和重复弯曲强度得到提高，使超细纤维具有较高的柔韧性。对涤纶而言，当单丝线密度在 0.83 dtex 以下时，纤维的刚度和抗扭刚度将发生显著的变化。因此超细纤维织物经磨砂后，被磨断的纤维耸立在织物表面，具有细腻、柔软的茸毛感，可形成明显的桃皮绒效果。

（2）光泽柔和而高雅：由于超细纤维很细，增大了纤维比表面积和毛细效应，对光线的反射比较分散,使纤维内部的反射光在表面的分布更细腻,因而光泽比较柔和,使之具有真丝般的高雅光泽。

（3）织物高密度结构和高清洁能力:超细纤维易形成高密度结构的织物,其经纬密度可比普通织物高出数倍,经收缩整理后,可得到不需要进行任何涂层的防水织物。众多的超细纤维与细小污物的接触面大,容易贴紧,并且有很强的毛细芯吸作用,较易将附着的污物吸进纤维间,避免污物散失而再次污染物体,如图5-19和图5-20所示。因此,超细纤维织物具有高清洁能力,是理想的洁净布和擦拭布的首选。

图 5-19　超细纤维清洁原理(截面)

（a）超细纤维

（b）圆形截面及棉等纤维

图 5-20　超细纤维清洁原理(纵面)

（4）高吸水性和防水性:超细纤维因较大的比表面积和数量更多、尺寸更小的毛细孔洞,提高了纤维表面吸附水分和毛细芯吸的能力,可以吸收和储存更多的液体(水或油污),而且吸附的大量水分只是保存在空隙中,使其能很快被干燥。超细纤维织物因可实现高密结构而具有防水性,原理如图5-21所示。

超细纤维在加工过程中,因单纤维强力降低,摩擦系数增大,容易出现毛丝、短丝;由于纤维抗弯刚度有所下降,形成的织物的硬挺度、卷曲性和蓬松性有所下降;超细纤维的比表面积增大后,加工时所需的上油量、上浆量和着色量相应地增加,不仅使机物料消耗有所增加,而且造成退油、退浆的困难以及染色不易均匀的缺点。

135

图 5-21　超细纤维的高吸水和防水原理

3　超细纤维的应用

（1）仿真丝织物：超细纤维的仿真丝及仿其他天然纤维（毛、棉、麻）的水平越来越高，仿真效果越来越逼真，甚至达到以假乱真的程度。

（2）仿桃皮绒织物：这是一种品质优良、风格独特的服装面料。采用超细纤维织成的仿桃皮绒织物，表面有极短而手感很好的茸毛，犹如桃子表面的细短绒毛，手感柔软、细腻而温暖。用这种面料织造的高档时装、夹克、T 恤衫、内衣、裙裤等凉爽舒适，吸汗不贴身，富有青春美。

（3）高吸水性材料：主要用于高吸水毛巾、纸巾、笔芯、卫生巾、尿不湿等。据报道，日本小材制药公司研制的高吸水毛巾，其吸水速度比普通毛巾快 5 倍以上，而且吸水既快又多，如图 5-22 所示，使用时触感非常柔软、舒适。

（4）高密度防水透汽织物：由超细纤维织造的高密度织物（图 5-23），既有防水作用，又有透汽、透湿和轻便、易折叠携带的性能。用超细纤维制作的滑雪、滑冰、游泳等运动服可减少阻力，有利于运动员创造良好成绩。

图 5-22　超细纤维织物的吸水性　　　　图 5-23　超细纤维高密织物

（5）洁净布和无尘衣料：超细纤维可以吸附自身质量 7 倍的灰尘、颗粒、液体。用超细纤维制成的洁净布具有很强的清洁性能，除污既快又彻底，而且不掉毛，洗涤后可重复使用，在精密机械、光学仪器、微电子、无尘室以及家庭等方面都得到了广泛的应用，也是无尘衣料的理想选择，如图 5-24。

（6）仿麂皮及人造皮革：采用超细纤维制成的针织布、机织布，经磨毛或拉毛加工后浸渍在聚氨酯溶液中，并经染色与整理，即可制得仿麂皮和人造革（如图5-25），具有强度高、质量轻、色泽鲜艳、防霉防蛀、柔韧性好等特点，以其轻、薄、软、牢、晴雨兼用等优点而著称于服装业，而且价格低廉。

图5-24 超细纤维洁净布　　　　图5-25 人造皮革中的超细纤维

（7）其他方面的应用：超细纤维在保温材料、过滤材料、离子交换、人造血管、人造皮肤等医用材料、生物工程等领域得到了广泛应用。在非织造布生产中，超细纤维除了已成功地应用于高级合成革基布和人造麂皮的织造外，还可用于熔喷法非织造布、水刺法非织造布、针刺法非织造布等产品。图5-26为开纤后的裂片型超细纤维在针刺非织造布中的截面形态。

图5-26 水刺非织造布中的超细纤维

参考文献

［1］杨建忠主编. 新型纺织材料及应用. 第 2 版. 上海：东华大学出版社，2011

［2］宗亚宁主编. 新型纺织材料及应用. 北京：中国纺织出版社，2009

［3］［美］阿瑟·普莱斯等. 织物学. 祝成炎，虞树莱等译. 北京：中国纺织出版社，2003

［4］张大省，王锐. 超细纤维生产技术及应用. 北京：中国纺织出版社，2007

［5］http://www. westech. com. cn

［6］http://www. lenzing. com

［7］http://www. milkfashion. com

［8］http://www. htxw. com

［9］http://www. pytianyuan. com/index. asp

［10］http://www. spftex. com

［11］http://www. natureworksllc. com

［12］http://www. dupont. com

［13］http://www. kuraray. com. cn

［14］http://www. supertextile. com

［15］http://www. teijinfiber. com. cn

［16］http://www. tepar. com

［17］http://www. invista. com

［18］http://www. mylycra. com

［19］http://www. wallly. com

［20］http://www. creora. com

［21］http://www. lycra. com

［22］http://www. dorlastan. com

［23］http://www. huvis. com

［24］http://www. asahi-kasei. cn

［25］http://www. toyobo. cn

［26］http://www. Teijinaramid. com

［27］http://www. Twaron. com

［28］http://www. nbdacheng. com

［29］http://www. dyneema. com

［30］http://www. guccilv. cn

［31］www. texnet. com. cn

［32］http://www. svwpc. com. cn

［33］http://www. fuwei. com

［34］http://www. wwgf. com. cn

［35］http://www. ecora-soyfiber. com

［36］http://winshow. diytrade. com